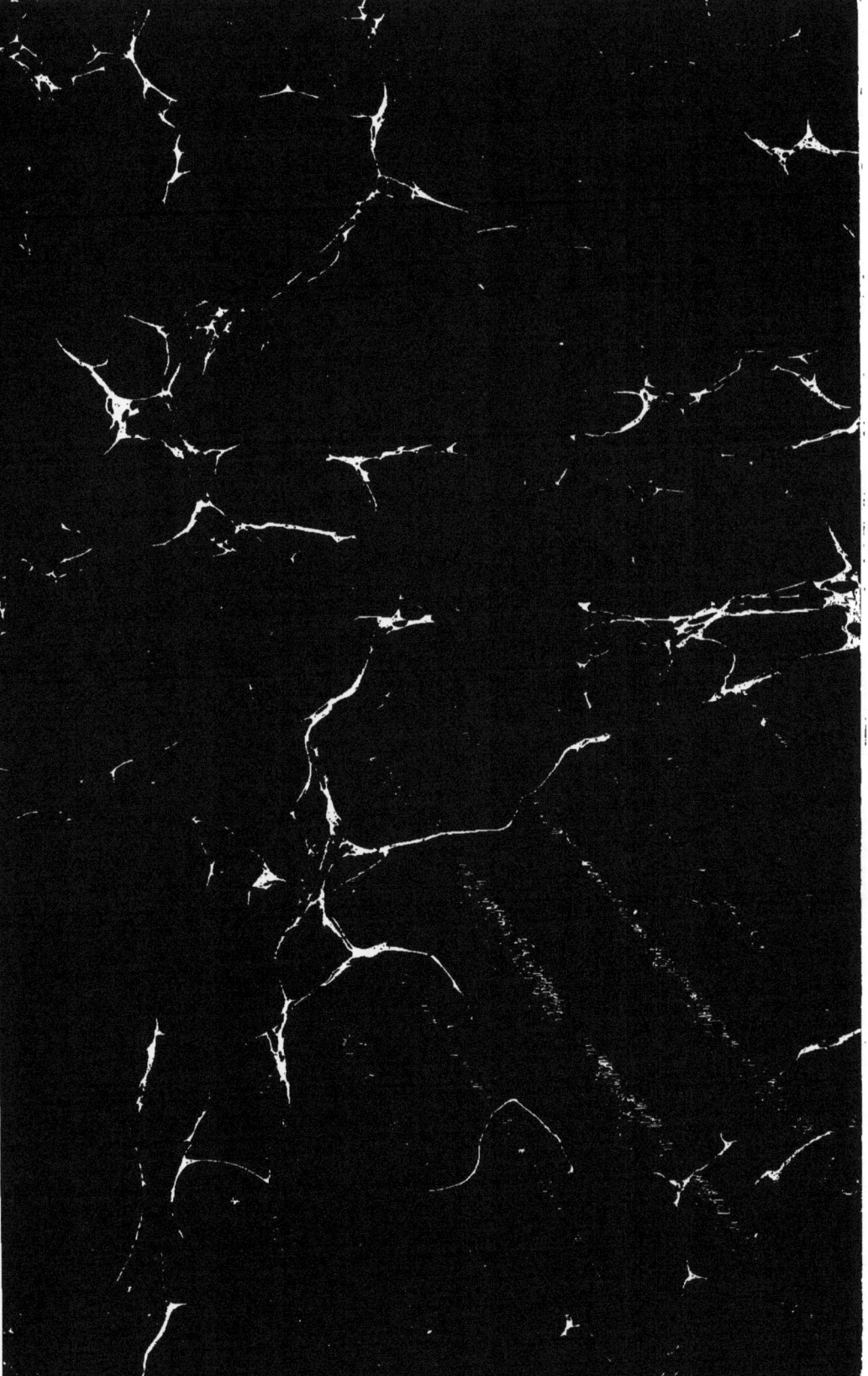

ÉDITION DU *FIGARO*

ALPHONSE DAUDET

Tartarin sur les Alpes

NOUVEAUX EXPLOITS DU HÉROS TARASCONNAIS

Illustré d'Aquarelles
PAR
ARANDA, DE BEAUMONT, MONTENARD, DE MYRBACH, ROSSI

Gravure de Guillaume frères

PARIS
CALMANN-LÉVY, ÉDITEUR
3, RUE AUBER, 3

1885

OUVRAGE

Imprimé sous la Direction artistique

DE

MM. GUILLAUME Frères

Tartarin sur les Alpes

EDITION DU *FIGARO*

ALPHONSE DAUDET

Tartarin sur les Alpes

NOUVEAUX EXPLOITS DU HÉROS TARASCONNAIS

Illustré d'Aquarelles

PAR

ARANDA, DE BEAUMONT, MONTENARD, DE MYRBACH, ROSSI

Gravure de GUILLAUME frères

PARIS
CALMANN-LÉVY, ÉDITEUR
3, RUE AUBER, 3

1885

Tous droits réservés

..... Il dit à la Suissesse d'un ton aimable : « *pedibusse cum jambisse* ma belle chatte..... » et il monta derrière elle.....

I

Apparition au Rigi-Kulm. — Qui? — Ce qu'on dit autour d'une table de six cents couverts. — Riz et pruneaux. — Un bal improvisé. — L'Inconnu signe son nom sur le registre de l'hôtel. — P. C. A.

Le 10 août 1880, à l'heure fabuleuse de ce coucher de soleil sur les Alpes, si fort vanté par les Guides Joanne et Bædeker, un brouillard jaune hermétique, compliqué d'une tourmente de neige en blanches spirales, enveloppait la cime du Rigi (*Regina montium*) et cet hôtel gigantesque, extraordinaire à voir dans l'aride paysage des hauteurs, ce Rigi-Kulm vitré comme un observatoire, massif comme une citadelle, où pose pour un jour et une nuit la foule des touristes adorateurs du soleil.

En attendant le second coup du diner, les passagers de l'immense et fastueux caravansérail, morfondus en haut dans les chambres ou pâmés sur les divans des salons de lecture dans la tiédeur moite des calorifères allumés, regardaient, à défaut des splendeurs promises, tournoyer les petites mouchetures blanches et s'allumer devant le perron les grands lampadaires dont les doubles verres de phare grinçaient au vent.

Monter si haut, venir des quatre coins du monde pour voir cela... O Bædeker!...

Soudain quelque chose émergea du brouillard, s'avançant vers l'hôtel avec un tintement de ferrailles, une exagération de mouvements causée par d'étranges accessoires.

A vingt pas, à travers la neige, les touristes désœuvrés, le nez contre les vitres, les *misses* aux curieuses petites têtes coiffées en garçons, prirent cette apparition pour une vache égarée, puis pour un rétameur chargé de ses ustensiles.

A dix pas, l'apparition changea encore et montra l'arbalète à l'épaule, le casque à visière baissée d'un archer du moyen âge, encore plus

invraisemblable à rencontrer sur ces hauteurs
qu'une vache ou qu'un ambulant.

Au perron, l'arbalétrier ne fut plus qu'un gros
homme, trapu, râblé, qui s'arrêtait pour souffler,
secouer la neige de ses jambières en drap jaune
comme sa casquette, de son passe-montagne
tricoté ne laissant guère voir du visage que
quelques touffes de barbe grisonnante et d'é-
normes lunettes vertes, bombées en verres de
stéréoscope. Le *piolet*, l'alpenstock, un sac sur le
dos, un paquet de cordes en sautoir, des crampons et crochets de fer à la ceinture d'une blouse
anglaise à larges pattes complétaient le harnachement de ce parfait alpiniste.

Sur les cimes désolées du mont Blanc ou
du Finsteraarhorn, cette tenue d'escalade aurait
semblé naturelle; mais au Rigi-Kulm, à deux pas
du chemin de fer!

L'Alpiniste, il est vrai, venait du côté opposé à
la station, et l'état de ses jambières témoignait
d'une longue marche dans la neige et la
boue.

Un moment il regarda l'hôtel et ses dépen-
dances, stupéfait de trouver à deux mille mètres
au-dessus de la mer une bâtisse de cette importance, des galeries vitrées, des colonnades, sept
étages de fenêtres et le large perron s'étalant

entre deux rangées de pots à feu qui donnaient à ce sommet de montagne l'aspect de la place de l'Opéra par un crépuscule d'hiver.

Mais si surpris qu'il pût être, les gens de l'hôtel le paraissaient bien davantage, et lorsqu'il pénétra dans l'immense antichambre, une poussée curieuse se fit à l'entrée de toutes les salles : des messieurs armés de queues de billard, d'autres avec des journaux déployés, des dames tenant leur livre ou leur ouvrage, tandis que tout au fond, dans le développement de l'escalier, des têtes se penchaient par-dessus la rampe, entre les chaînes de l'ascenseur.

L'homme dit tout haut, très fort, d'une voix de basse profonde, un « creux du Midi » sonnant comme une paire de cymbales :

« Coquin de bon sort ! En voilà un temps !... »

Et tout de suite il s'arrêta, quitta sa casquette et ses lunettes.

Il suffoquait.

L'éblouissement des lumières, la chaleur du gaz, des calorifères, en contraste avec le froid noir du dehors, puis cet appareil somptueux, ces hauts plafonds, ces portiers chamarrés avec « REGINA MONTIUM » en lettres d'or sur leurs casquettes d'amiraux, les cravates blanches des maîtres d'hôtel et le bataillon de Suissesses en costumes nationaux accouru sur un coup de timbre, tout cela l'étourdit une seconde, pas plus d'une.

Il se sentit regardé et, sur-le-champ, retrouva son aplomb, comme un comédien devant les loges pleines.

« Monsieur désire?... »

C'était le gérant qui l'interrogeait du bout des dents, un gérant très chic, jaquette rayée, favoris soyeux, une tête de couturier pour dames.

L'alpiniste, sans s'émouvoir, demanda une chambre, « une bonne petite chambre, au moins », à l'aise avec ce majestueux gérant comme avec un vieux camarade de collège.

Il fut par exemple bien près de se fâcher quand la servante bernoise, qui s'avançait un bougeoir à la main, toute raide dans son plastron d'or et les bouffants de tulle de ses manches, s'informa si monsieur désirait prendre l'ascenseur. La proposition d'un crime à commettre ne l'eût pas indigné davantage.

... Un ascenseur, à lui !.. à lui !.. Et son cri, son geste secouèrent toute sa ferraille.

Subitement radouci, il dit à la Suissesse d'un ton aimable : « *pedibus*se *cum jambis*se, ma belle chatte... » et il monta derrière elle, son large dos tenant l'escalier, écartant les gens sur son passage pendant que par tout l'hôtel courait une clameur, un long « Qu'est-ce que c'est que ça ? » chuchoté dans les langues diverses des quatre parties du monde. Puis le second coup du dîner sonna et nul ne s'occupa plus de l'extraordinaire personnage.

Un spectacle, cette salle à manger du Rigi-Kulm.

Six cents couverts autour d'une immense table en fer à cheval où des compotiers de riz et de pruneaux alternaient en longues files avec des plantes vertes, reflétant dans leur sauce claire ou brune les petites flammes droites des lustres et les dorures du plafond caissonné.

Comme dans toutes les tables d'hôte suisses, ce riz et ces pruneaux divisaient le diner en deux factions rivales, et rien qu'aux regards de haine ou de convoitise jetés d'avance sur les compotiers du dessert, on devinait aisément à quel parti les convives appartenaient. Les Riz se reconnaissaient aussi à leur pâleur défaite, les Pruneaux à leurs faces congestionnées.

Ce soir-là, les derniers étaient en plus grand nombre, comptaient surtout des personnalités plus importantes, des célébrités européennes, telles que le grand historien Astier-Réhu, de l'Académie française, le baron de Stoltz, vieux diplomate austro-hongrois, lord Chipendale (?), un membre du Jockey-Club avec sa nièce (hum! hum!), l'illustre docteur-professeur Schwanthaler, de l'Université de Bonn, un général Péruvien et ses huit demoiselles.

A quoi les Riz ne pouvaient guère opposer comme grandes vedettes qu'un sénateur belge et sa famille, Mme Schwanthaler, la femme du professeur, et un ténor italien, retour de Russie, étalant sur la nappe ses boutons de manchettes larges comme des soucoupes.

C'est ce double courant opposé qui faisait

sans doute la gêne et la raideur de la table. Comment expliquer autrement le silence de ces six cents personnes, gourmées, renfrognées, méfiantes, et le souverain mépris qu'elles semblaient affecter les unes pour les autres? Un observateur superficiel aurait pu l'attribuer à la stupide morgue

anglo-saxonne qui, maintenant, par tous pays donne le ton du monde voyageur.

Mais non! Des êtres à face humaine n'arrivent pas à se haïr ainsi à première vue, à se dédaigner du nez, de la bouche et des yeux faute de présentation préalable. Il doit y avoir autre chose.

Riz et Pruneaux, je vous dis. Et vous avez l'explication du morne silence pesant sur ce dîner du Rigi-Kulm qui, vu le nombre et la variété internationale des convives aurait dû être animé, tumultueux, comme on se figure les repas au pied de la tour de Babel.

L'Alpiniste entra, un peu troublé devant ce réfectoire de chartreux en pénitence sous le flamboiement des lustres, toussa bruyamment sans que personne prit garde à lui, s'assit à son rang de dernier venu, au bout de la salle. Défublé maintenant, c'était un touriste comme un autre, mais d'aspect plus aimable, chauve, bedonnant, la barbe en pointe et touffue, le nez majestueux, d'épais sourcils féroces sur un regard bon enfant.

Riz ou Pruneau? on ne savait encore.

A peine installé, il s'agita avec inquiétude, puis quittant sa place d'un bond effrayé : « *Outre!*... un courant d'air !... » dit-il tout haut, et il s'élança vers une chaise libre, rabattue au milieu de la table.

Il fut arrêté par une Suissesse de service, du canton d'Uri, celle-là, chaînettes d'argent et guimpe blanche :

« Monsieur, c'est retenu.... »

Alors, de la table, une jeune fille dont il ne voyait que la chevelure en blonds relevés sur des blancheurs de neige vierge dit sans se retourner, avec un accent d'étrangère :

« Cette place est libre... mon frère est malade, il ne descend pas.

— Malade?... demanda l'Alpiniste en s'asseyant, l'air empressé, presque affectueux.... Malade? Pas dangereusement, au moins? »

Il prononçait « au mouain », et le mot revenait dans toutes ses phrases avec quelques autres vocables parasites « hé, qué, té, zou, vé, vaï, allons, et autrement, différemment », qui soulignaient encore son accent méridional, déplaisant sans doute pour la jeune blonde, car elle ne répondit que par un regard glacé, d'un bleu noir, d'un bleu d'abime.

Le voisin de droite n'avait rien d'encourageant non plus; c'était le ténor italien, fort gaillard au front bas, aux prunelles huileuses, avec des moustaches de matamore qu'il frisait d'un doigt furibond, depuis qu'on l'avait séparé de sa jolie voisine. Mais le bon Alpiniste avait l'habitude de parler en mangeant, il lui fallait cela pour sa santé.

« *Vé!* Les jolis boutons... se dit-il tout haut à lui-même en guignant les manchettes de l'Italien.... Ces notes de musique, incrustées dans le jaspe, c'est d'un effet *charmain*.... »

Sa voix cuivrée sonnait dans le silence, sans y trouver le moindre écho.

« Sûr que monsieur est chanteur, *qué?*

— Non capisco... » grogna l'Italien dans ses moustaches.

Pendant un moment l'homme se résigna à dévorer sans rien dire, mais les morceaux l'étouffaient. Enfin, comme son vis-à-vis le diplomate austro-hongrois essayait d'atteindre le moutardier du bout de ses vieilles petites mains grelottantes, enveloppées de mitaines, il le lui passa obligeamment : « A votre service, monsieur le baron...» car il venait de l'entendre appeler ainsi.

Malheureusement le pauvre M. de Stoltz, malgré l'air finaud et spirituel contracté dans les chinoiseries diplomatiques, avait perdu depuis longtemps ses mots et ses idées, et voyageait dans la montagne spécialement pour les rattraper. Il ouvrit ses yeux vides sur ce visage inconnu, les referma sans rien dire. Il en eût fallu dix, anciens diplomates de sa force intellectuelle, pour trouver en commun la formule d'un remerciement.

A ce nouvel insuccès, l'Alpiniste fit une moue terrible, et la brusque façon dont il s'empara de la bouteille aurait pu faire croire qu'il allait achever de fendre, avec, la tête fêlée du vieux diplomate. Pas plus! C'était pour offrir à boire à sa voisine, qui ne l'entendit pas, perdue dans une causerie à mi-voix, d'un gazouillis étranger doux et vif, avec deux jeunes gens assis tout près d'elle.

Elle se penchait, s'animait. On voyait des petits frisons briller dans la lumière contre une oreille menue, transparente et toute rose.... Polonaise, Russe, Norvègienne?... mais du Nord bien certainement; et une jolie chanson de son pays lui revenant aux lèvres, l'homme du Midi se mit à fredonner tranquillement :

O coumtesso gènto,
Estelo dou Nord
Qué la neù argento,
Qu'Amour friso en or [1].

Toute la table se retourna; on crut qu'il devenait fou. Il rougit, se tint coi dans son assiette, n'en sortit plus que pour repousser violemment

---

[1]. « Gentille comtesse, — Lumière du Nord, — Que la neige argente, — Qu'Amour frise en or. »   (Frédéric MISTRAL.)

un des compotiers sacrés qu'on lui passait :
« Des pruneaux, encore!.... Jamais de la vie! »
C'en était trop.

Il se fit un grand mouvement de chaises. L'académicien, lord Chipendale (?), le professeur de Bonn et quelques autres notabilités du parti se levaient, quittaient la salle pour protester.

Les « Riz » presque aussitôt suivirent, en le voyant repousser le second compotier aussi vivement que l'autre.

Ni Riz ni Pruneau!... Quoi alors?...

Tous se retirèrent; et c'était glacial ce défilé silencieux de nez tombants, de coins de bouche abaissés et dédaigneux, devant le malheureux qui resta seul dans l'immense salle à manger flamboyante, en train de faire une trempette à la mode de son pays, courbé sous le dédain universel.

Mes amis, ne méprisons personne. Le mépris est la ressource des parvenus, des poseurs, des laiderons et des sots, le masque où s'abrite la nullité, quelquefois la gredinerie, et qui dispense d'esprit, de jugement, de bonté. Tous les bossus sont méprisants; tous les nez tors se froncent et dédaignent quand ils rencontrent un nez droit.

Il savait cela, le bon Alpiniste. Ayant de quelques années dépassé la quarantaine, ce « palier du quatrième » où l'homme trouve et ramasse la clef magique qui ouvre la vie jusqu'au fond, en montre la monotone et décevante enfilade, connaissant en outre sa valeur, l'importance de sa mission et du grand nom qu'il portait, l'opinion de ces gens-là ne l'occupait guère. Il n'aurait eu d'ailleurs qu'à se nommer, à crier : « C'est moi... » pour changer en respects aplatis toutes ces lippes hautaines; mais l'incognito l'amusait.

Il souffrait seulement de ne pouvoir parler, faire du bruit, s'ouvrir, se répandre, serrer des mains, s'appuyer familièrement à une épaule, appeler les gens par leurs prénoms. Voilà ce qui l'oppressait au Rigi-Kulm.

Oh! surtout, ne pas parler.

« J'en aurai la pépie, bien sûr... » se disait le pauvre diable, errant dans l'hôtel, ne sachant que devenir.

Il entra au café, vaste et désert comme un temple en semaine, appela le garçon « mon bon ami », commanda « un moka sans sucre, qué! » Et le garçon ne demandant pas : « Pourquoi sans sucre? » l'Alpiniste ajouta vivement : « C'est une habitude que j'ai prise en Algérie, du temps de mes grandes chasses... »

Il allait les raconter, mais l'autre avait fui sur ses escarpins de fantôme pour courir à lord Chipendale affalé de son long sur un divan et criant d'une voix morne : « Tchimppègne!... tchimppègne! » Le bouchon fit son bruit bête de noce de commande, puis on n'entendit plus rien que les rafales du vent dans la monumentale cheminée et le cliquetis frissonnant de la neige sur les vitres.

Bien sinistre aussi, le salon de lecture, tous les journaux en main, ces centaines de têtes penchées autour des longues tables vertes, sous les réflecteurs. De temps en temps une bâillée, une toux, le froissement d'une feuille déployée, et planant sur ce calme de salle d'étude, debout et immobiles, le dos au poêle, solennels tous les deux et sentant pareillement le moisi, les deux pontifes de l'histoire officielle, Schwanthaler et Astier-Réhu, qu'une fatalité singulière avait mis en présence au sommet du Rigi, depuis trente ans qu'ils s'injuriaient, se déchiraient dans des notes explicatives, s'appelaient « Schwanthaler l'âne bâté, *vir ineptissimus* Astier-Réhu ».

Vous pensez l'accueil que reçut le bienveillant Alpiniste approchant une chaise pour faire un brin de causette instructive au coin du feu. Du haut de ces deux cariatides tomba subitement sur lui un de ces courants froids, dont il avait si grand peur; il se leva, arpenta la salle autant par contenance que pour se réchauffer, ouvrit la bibliothèque. Quelques romans anglais y traînaient,  mêlés à de lourdes bibles et à des volumes dépareillés du Club Alpin Suisse; il en prit un, l'emportait pour le lire au lit, mais dut le laisser à la porte, le règlement ne permettant pas qu'on promenât la bibliothèque dans les chambres.

Alors, continuant à errer, il entr'ouvrit la porte du billard, où le ténor italien jouait tout seul, faisait des effets de torse et de manchettes pour leur jolie voisine, assise sur un divan, entre deux jeunes gens auxquels elle lisait une lettre. A l'entrée de l'Alpiniste elle s'interrompit, et l'un des jeunes gens se leva, le plus grand, une sorte de moujick, d'homme-chien, aux pattes velues, aux longs cheveux noirs, luisants et plats, rejoignant la barbe  inculte. Il fit deux pas vers le nouveau venu, le regarda comme on provoque, et si férocement que le bon Alpiniste, sans demander d'explication, exécuta un demi-tour à droite, prudent et digne.

« Différemment, ils ne sont pas liants, dans le Nord... » dit-il tout haut, et il referma la porte bruyamment pour bien prouver à ce sauvage qu'on n'avait pas peur de lui.

Le salon restait comme dernier refuge; il y entra.... Coquin de sort!... La morgue, bonnes gens! la morgue du mont Saint-Bernard, où les moines exposent les malheureux ramassés sous la neige dans les attitudes diverses que la mort congelante leur a laissées, c'était cela le salon du Rigi-Kulm.

Toutes les dames figées, muettes, par groupes sur des divans circulaires, ou bien isolées, tombées çà et là. Toutes les misses immobiles sous les lampes des guéridons, ayant encore aux mains l'album, le magazine, la broderie qu'elles tenaient quand le froid les avait saisies; et parmi elles les filles du général, les huit petites Péruviennes avec leur teint de safran, leurs traits en désordre, les rubans vifs de leurs toilettes tranchant sur les tons de lézard des modes anglaises, pauvres petits *pays-chauds* qu'on se figurait si bien grimaçant, gambadant à la cime des cocotiers et qui, plus encore que les autres victimes, faisaient peine à regarder en cet état de mutisme et de congélation. Puis au fond, devant le piano, la silhouette macabre du vieux diplomate, ses petites mains à mitaines posées et mortes sur le clavier, dont sa figure avait les reflets jaunis....

Trahi par ses forces et sa mémoire, perdu dans une polka de sa composition qu'il recommençait toujours au même motif, faute de retrouver la coda, le malheureux de Stoltz s'était endormi en jouant, et avec lui toutes les dames du Rigi, berçant dans leur sommeil des frisures romantiques ou ce bonnet de dentelle en forme de croûte de vol-au-vent qu'affectionnent les dames anglaises et qui fait partie du cant voyageur.

L'arrivée de l'Alpiniste ne les réveilla pas, et lui-même s'écroulait sur un divan, envahi par ce découragement de glace, quand des accords vigoureux et joyeux éclatèrent dans le vestibule, où trois « musicos », harpe, flûte, violon, de ces ambulants aux mines piteuses, aux longues redingotes battant les jambes, qui courent les hôtelleries suisses, venaient d'installer leurs instruments. Dès les premières notes, notre homme se dressa, galvanisé.

« *Zou!* bravo!... En avant musique! »

Et le voilà courant, ouvrant les portes grandes, faisant fête aux musiciens, qu'il abreuve de champagne, se grisant lui aussi, sans boire, avec cette musique qui lui rend la vie. Il imite le piston, il imite la harpe, claque des doigts au-dessus de sa tête, roule les yeux, esquisse des pas, à la grande stupéfaction des touristes accourus de tous côtés au tapage. Puis brusquement, sur l'at-

taque d'une valse de Strauss que les musicos allumés enlèvent avec la furie de vrais tziganes, l'Alpiniste apercevant à l'entrée du salon la femme du professeur Schwanthaler, petite Viennoise boulotte aux regards espiègles, restés jeunes sous ses cheveux gris tout poudrés, s'élance, lui prend la taille, l'entraîne en criant aux autres : « Eh ! allez donc !... valsez donc ! »

L'élan est donné, tout l'hôtel dégèle et tourbillonne, emporté. On danse dans le vestibule, dans le salon, autour de la longue table verte de la salle de lecture. Et c'est ce diable d'homme qui leur a mis à tous le feu au ventre. Lui cependant ne danse plus, essoufflé au bout de quelques tours; mais il veille sur son bal, presse les musiciens, accouple les danseurs, jette le professeur de Bonn dans les bras d'une vieille Anglaise, et sur l'austère Astier-Réhu la plus fringante des Péruviennes. La résistance est impossible. Il se dégage de ce terrible Alpiniste on ne sait quelles effluves qui vous soulèvent, vous allègent. Et zou! et zou! Plus de mépris, plus de haine. Ni Riz ni Pruneaux, tous valseurs. Bientôt la folie gagne, se communique aux étages, et, dans l'énorme baie de l'escalier, on voit jusqu'au sixième tourner sur les paliers, avec la raideur d'automates devant un chalet à musique, les jupes lourdes et colorées des Suissesses de service.

Ah! le vent peut souffler dehors, secouer les lampadaires, faire grincer les fils du télégraphe et tourbillonner la neige en spirales sur la cime déserte. Ici l'on a chaud, l'on est bien, en voilà pour toute la nuit.

« Différemment, je vais me coucher, moi... » se dit en lui-même le bon Alpiniste, homme de précaution, et d'un pays où tout le monde s'emballe et se déballe encore plus vite. Riant dans sa barbe grise, il se glisse, se dissimule pour échapper à la maman Schwanthaler qui, depuis leur tour de valse, le cherche, s'accroche à lui, voudrait toujours « ballir... dantsir.... »

Il prend la clef, son bougeoir; puis au premier étage s'arrête une minute pour jouir de son œuvre, regarder ce tas d'empalés qu'il a forcés à s'amuser, à se dégourdir.

Une Suissesse s'approche, toute haletante de sa valse interrompue, lui présente une plume et le registre de l'hôtel :

« Si j'oserais demander à mossié de vouloir bien signer son nom.... »

Il hésite un instant. Faut-il, ne faut-il pas conserver l'incognito?

Après tout, qu'importe! En supposant que la nouvelle de sa présence au Rigi arrive là-bas, nul ne saura ce qu'il est venu faire en Suisse. Et puis ce sera si drôle, demain matin, la stupeur de tous ces « Inglichemans » quand ils apprendront... Car cette fille ne pourra pas s'en taire... Quelle surprise par tout l'hôtel, quel éblouissement!...

« Comment? C'était lui... Lui!... »

Ces réflexions passèrent dans sa tête, rapides et vibrantes comme les coups d'archet de l'orchestre. Il prit la plume, et d'une main négligente, au-dessous d'Astier-Réhu, de Schwanthaler et autres illustres, il signa ce nom qui les éclipsait tous, son nom; puis monta vers sa chambre, sans même se retourner pour voir l'effet dont il était sûr.

Derrière lui, la Suissesse regarda.

TARTARIN DE TARASCON

et au-dessous :

P. C. A.

Elle lut cela, cette Bernoise, et ne fut pas éblouie du tout. Elle ne savait pas ce que signifiait P. C. A. Elle n'avait jamais entendu parler de « Dardarin ».

Sauvage, *vaï!*

..... Planté sur les cimes des Alpines le drapeau du club, la Tarasque étoilé d'argent.

II

Tarascon, cinq minutes d'arrêt. — Le Club des Alpines. — Explication du P. C. A. — Lapins de garenne et lapins de choux. — Ceci est mon testament. — Le Sirop de cadavre. — Première ascension. — Tartarin tire ses lunettes.

Quand ce nom de « Tarascon » sonne en fanfare sur la voie du Paris-Lyon-Méditerranée, dans le bleu vibrant et limpide du ciel provençal, des têtes curieuses se montrent à toutes les portières de l'express, et de wagon en wagon les voyageurs se disent : « Ah ! voilà Tarascon…. Voyons un peu Tarascon. »

Ce qu'on en voit n'a pourtant rien que de fort ordinaire, une petite ville paisible et proprette, des tours, des toits, un pont sur le Rhône. Mais le soleil tarasconnais et ses prodigieux effets de mirage, si féconds en surprises, en inventions, en cocasseries délirantes; ce joyeux petit peuple, pas plus gros qu'un pois chiche, qui reflète et résume les instincts de tout le Midi français, vivant, remuant, bavard, exagéré, comique, impressionnable, c'est là ce que les gens de l'express guettent au passage et ce qui fait la popularité de l'endroit.

En des pages mémorables que la modestie l'empêche de rappeler plus explicitement, l'historiographe de Tarascon a jadis essayé de dépeindre les jours heureux de la petite ville menant sa vie de cercle, chantant ses romances — chacun la sienne, — et, faute de gibier, organisant de curieuses chasses à la casquette[1]. Puis, la guerre venue, les temps noirs, il a dit Tarascon

---

1. Voici ce qu'il est dit de cette chasse locale dans les *Aventures prodigieuses de Tartarin de Tarascon* :

« Après un bon déjeuner en pleine campagne, chacun des chasseurs prend sa casquette, la jette en l'air de toutes ses forces, et la tire au vol avec du 5, du 6 ou du 2, selon les conventions. Celui qui met le plus souvent dans sa casquette est proclamé roi de la chasse et rentre, le soir, en triomphateur à Tarascon, la casquette criblée au bout du fusil, au milieu des aboiements et des fanfares.... »

et sa défense héroïque, l'esplanade torpillée, le cercle et le café de la Comédie imprenables, tous les habitants formés en compagnies franches, soutachés de fémurs croisés et de têtes de mort, toutes les barbes poussées, un tel déploiement de haches, sabres d'abordage, revolvers américains, que les malheureux en arrivaient à se faire peur les uns aux autres et à ne plus oser s'aborder dans les rues.

Bien des années ont passé depuis la guerre, bien des almanachs ont été mis au feu ; mais Tarascon n'a pas oublié, et, renonçant aux futiles distractions d'autre temps, n'a plus songé qu'à se faire du sang et des muscles au profit des revanches futures. Des sociétés de tir et de gymnastique, costumées, équipées, ayant toutes leur musique et leur bannière ; des salles d'armes, boxe, bâton, chausson ; des courses à pied, des luttes à main plate entre personnes du meilleur monde ont remplacé les chasses à la casquette, les platoniques causeries cynégétiques chez l'armurier Costecalde.

Enfin le cercle, le vieux cercle lui-même, abjurant bouillotte et bezigue, s'est transformé en Club Alpin, sur le patron du fameux « Alpine Club » de Londres qui a porté jusqu'aux Indes la renommée de ses grimpeurs. Avec cette différence que les Tarasconnais, au lieu de s'expatrier vers des cimes étrangères à conquérir, se sont contentés de ce qu'ils avaient sous la main, ou plutôt sous le pied, aux portes de la ville.

Les Alpes à Tarascon?... Non, mais les Alpines, cette chaîne de montagnettes parfumées

de thym et de lavande, pas bien méchantes ni très hautes (150 à 200 mètres au-dessus du niveau de la mer) qui font un horizon de vagues bleues aux routes provençales, et que l'imagination locale a décorées de noms fabuleux et caractéristiques : *le Mont-terrible, le Bout-du-Monde, le Pic-des-Géants*, etc....

C'est plaisir, les dimanches matin, de voir les Tarasconnais guêtrés, le pic en main, le sac et la tente sur le dos, partir, clairons en tête, pour des ascensions dont *le Forum*, le journal de la localité, donne le compte rendu avec un luxe descriptif, une exagération d'épithètes, « abîmes, gouffres, gorges effroyables, » comme s'il s'agissait de courses sur l'Himalaya. Pensez qu'à ce jeu les indigènes ont acquis des forces nouvelles, ces « doubles muscles » réservés jadis au seul

Tartarin, le bon, le brave, l'héroïque Tartarin.

Si Tarascon résume le Midi, Tartarin résume Tarascon. Il n'est pas seulement le premier citoyen de la ville, il en est l'âme, le génie, il en a toutes les belles fêlures. On connaît ses anciens exploits, ses triomphes de chanteur (oh! le duo de *Robert le Diable* à la pharmacie Bézuquet) et l'étonnante odyssée de ses chasses au lion d'où il ramena ce superbe chameau, le dernier de l'Algérie, mort depuis, chargé d'ans et d'honneurs, conservé en squelette au musée de la ville, parmi les curiosités tarasconnaises.

Tartarin, lui, n'a pas bronché ; toujours bonnes dents, bon œil, malgré la cinquantaine, toujours cette imagination extraordinaire qui rapproche et grossit les objets avec une puissance de télescope. Il est resté celui dont le brave commandant Bravida disait : « C'est un lapin.... »

Deux lapins, plutôt ! Car dans Tartarin comme dans tout Tarasconnais, il y a la race garenne et la race choux très nettement accentuées : le lapin de garenne coureur, aventureux, casse-cou ; le lapin de choux casanier, tisanier, ayant une peur atroce de la fatigue, des courants d'air, et de tous les accidents quelconques pouvant amener la mort.

On sait que cette prudence ne l'empêchait pas de se montrer brave et même héroïque à l'occasion ; mais il est permis de se demander ce qu'il venait faire sur le Rigi (*Regina montium*) à son âge, alors qu'il avait si chèrement conquis le droit au repos et au bien-être.

A cela, l'infâme Costecalde aurait pu seul répondre.

Costecalde, armurier de son état, représente un type assez rare à Tarascon. L'envie, la basse et méchante envie, visible à un pli mauvais de ses lèvres minces et à une espèce de buée jaune qui lui monte du foie par bouffées, enfume sa large face rasée et régulière, aux méplats fripés, meurtris comme à coups de marteau, pareille à une ancienne médaille de Tibère ou de Caracalla. L'envie chez lui est une maladie qu'il n'essaye pas même de cacher, et avec ce beau tempérament tarasconnais qui déborde toujours, il lui arrive de dire en parlant de son infirmité : « Vous ne savez pas comme ça fait mal.... »

Naturellement, le bourreau de Costecalde, c'est Tartarin. Tant de gloire pour un seul homme ! Lui partout, toujours lui ! Et lentement, sourdement, comme un termite introduit dans le bois doré de l'idole, voilà vingt ans qu'il sape en dessous cette renommée triomphante, et la ronge, et la creuse. Quand le soir, au cercle, Tartarin racontait ses affûts au lion, ses courses dans le grand Sahara, Costecalde avait des petits rires muets, des hochements de tête incrédules.

« Mais les peaux, pas moins, Costecalde... ces peaux de lion qu'il nous a envoyées, qui sont là, dans le salon du cercle ?... .

— Té! pardi.... Et les fourreurs, croyez-vous pas qu'il en manque, en Algérie?

— Mais les marques des balles, toutes rondes, dans les têtes?

— Et autre*main*, est-ce qu'au temps de la chasse aux casquettes, on ne trouvait pas chez nos chapeliers des casquettes trouées de plomb et déchiquetées, pour les tireurs maladroits? »

Sans doute l'ancienne gloire du Tartarin tueur de fauves restait au-dessus de ces attaques; mais l'Alpiniste chez lui prêtait à toutes les critiques et Costecalde ne s'en privait pas, furieux qu'on eût nommé président du club des Alpines un homme que l'âge « enlourdissait » visiblement et que l'habitude, prise en Algérie, des babouches et des vêtements flottants, prédisposait encore à la paresse.

Rarement, en effet, Tartarin prenait part aux

ascensions, il se contentait de les accompagner de ses vœux et de lire en grande séance, avec des roulements d'yeux et des intonations à faire pâlir les dames, les tragiques comptes rendus des expéditions.

Costecalde, au contraire, sec, nerveux, « la jambe de coq », comme on l'appelait, grimpait toujours en tête; il avait fait les Alpines une par une, planté sur les cimes inaccessibles le drapeau du club, la *Tarasque* étoilée d'argent. Pourtant, il n'était que vice-président, V. P. C. A.; mais il travaillait si bien la place qu'aux élections prochaines, évidemment, Tartarin sauterait.

Averti par ses fidèles, Bézuquet le pharmacien, Excourbaniès, le brave commandant Bravida, le héros fut pris d'abord d'un noir dégoût, cette rancœur révoltée dont l'ingratitude et l'injustice soulèvent les belles âmes. Il eut l'envie de tout planter là, de s'expatrier, de passer le pont pour aller vivre à Beaucaire, chez les Volsques; puis se calma.

Quitter sa petite maison, son jardin, ses chères habitudes, renoncer à son fauteuil de président du club des Alpines fondé par lui, à ce majestueux P. C. A. qui ornait et distinguait ses cartes, son papier à lettres, jusqu'à la coiffe de son chapeau! Ce n'était pas possible, *vé!* Et tout à coup lui vint une idée mirobolante.

En définitive, les exploits de Costecalde se bornaient à des courses dans les Alpines. Pourquoi Tartarin, pendant les trois mois qui le séparaient des élections, ne tenterait-il pas quelque aventure grandiose; arborer, par *ézemple*, l'étendard du Club sur une des plus hautes cimes de l'Europe, la Jungfrau ou le Mont-Blanc?

Quel triomphe au retour, quelle giffle pour Costecalde lorsque le *Forum* publierait le récit de l'ascension! Comment, après cela, oser lui disputer le fauteuil?

Tout de suite il se mit à l'œuvre, fit venir secrètement de Paris une foule d'ouvrages spéciaux : les *Escalades* de Whymper, les *Glaciers* de Tyndall, le *Mont-Blanc* de Stéphen d'Arve, des relations du Club Alpin, anglais et suisse, se farcit la tête d'une foule d'expressions alpestres, « cheminées, couloirs, moulins, névés, séracs, moraine, rotures, » sans savoir bien précisément ce qu'elles signifiaient.

La nuit, ses rêves s'effrayèrent de glissades interminables, de brusques chutes dans des crevasses sans fond. Les avalanches le roulaient, des arêtes de glace embrochaient son corps au passage; et longtemps après le réveil et le chocolat du matin qu'il avait l'habitude de prendre au lit, il gardait l'angoisse et l'oppression de son cauchemar, mais cela ne l'empêchait pas, une fois debout, de consacrer sa matinée à de laborieux exercices d'entraînement.

Il y a tout autour de Tarascon un cours planté

d'arbres qui, dans le dictionnaire local, s'appelle « le Tour de ville. » Chaque dimanche, l'après-midi, les Tarasconnais, gens de routine malgré leur imagination, font leur tour de ville, et tou-

jours dans le même sens. Tartarin s'exerça à le faire huit fois, dix fois dans la matinée, et souvent même à rebours. Il allait, les mains derrière le dos, à petits pas de montagne, lents et sûrs, et les boutiquiers, effarés de cette infraction aux habitudes locales, se perdaient en suppositions de toutes sortes.

Chez lui, dans son jardinet exotique, il s'accoutumait à franchir les crevasses en sautant par-

dessus le bassin où quelques cyprins nageaient parmi des lentilles d'eau; à deux reprises il tomba et fut obligé de se changer. Ces déconvenues l'excitaient et, sujet au vertige, il longeait l'étroite maçonnerie du bord, au grand effroi de la vieille servante qui ne comprenait rien à toutes ces manigances.

En même temps, il commandait *en* Avignon, chez un bon serrurier, des crampons système Whymper pour sa chaussure, un piolet système Kennedy ; il se procurait aussi une lampe à chalumeau, deux couvertures imperméables et deux cents pieds d'une corde de son invention, tressée avec du fil de fer.

L'arrivage de ces différents objets, les allées et venues mystérieuses que leur fabrication nécessita, intriguèrent beaucoup les Tarasconnais ; on disait en ville : « Le président prépare un coup. » Mais, quoi ? Quelque chose de grand, bien sûr, car selon la belle parole du brave et sentencieux commandant Bravida, ancien capitaine d'habillement, lequel ne parlait que par apophtegmes : « L'aigle ne chasse pas les mouches. »

Avec ses plus intimes, Tartarin demeurait impénétrable ; seulement, aux séances du Club, on remarquait le frémissement de sa voix et ses regards zébrés d'éclairs lorsqu'il adressait la parole à Costecalde, cause indirecte de cette nouvelle expédition dont s'accentuaient, à mesure qu'elle se faisait plus proche, les dangers et les fatigues. L'infortuné ne se les dissimulait pas et même les considérait tellement en noir, qu'il crut indispensable de mettre ordre à ses affaires, d'écrire ces volontés suprêmes dont l'expression coûte tant aux Tarasconnais, épris de vie, qu'ils meurent presque tous intestat.

Oh! par un matin de juin rayonnant, un ciel sans nuage, arqué, splendide, la porte de son cabinet ouverte sur le petit jardin propret, sablé, où les plantes exotiques découpaient leurs ombres lilas immobiles, où le jet d'eau tintait sa note claire parmi les cris joyeux des petits savoyards jouant à la marelle devant la porte, voyez-vous Tartarin en babouches, larges vêtements de flanelle, à l'aise, heureux, une bonne pipe, lisant tout haut à mesure qu'il écrivait :

« Ceci est mon testament. »

Allez, on a beau avoir le cœur bien en place, solidement agrafé, ce sont là de cruelles minutes. Pourtant, ni sa main ni sa voix ne tremblèrent, pendant qu'il distribuait à ses concitoyens toutes les richesses ethnographiques entassées dans sa petite maison, soigneusement époussetées et conservées avec un ordre admirable :

« Au Club des Alpines, le baobab (*arbos gigantea*), pour figurer sur la cheminée de la salle des séances;

A Bravida, ses carabines, révolvers, couteaux de chasse, kriss malais, tomahawks et autres pièces meurtrières;

A Excourbaniès, toutes ses pipes, calumets, narghilés, pipettes à fumer le kif et l'opium;

A Costecalde. — oui, Costecalde lui-même avait

son legs! — les fameuses flèches empoisonnées (N'y touchez pas »).

Peut-être y avait-il sous ce don le secret espoir que le traître se blesse et qu'il en meure; mais rien de pareil n'émanait du testament, fermé sur ces paroles d'une divine mansuétude :

« Je prie mes chers alpinistes de ne pas oublier leur président... je veux qu'ils pardonnent à mon ennemi comme je lui pardonne, et pourtant c'est bien lui qui a causé ma mort.... »

Ici, Tartarin fut obligé de s'arrêter, aveuglé d'un grand flot de larmes. Pendant une minute, il se vit fracassé, en lambeaux, au pied d'une haute montagne, ramassé dans une brouette et ses restes informes rapportés à Tarascon. O puissance de l'imagination provençale! il assistait à ses propres funérailles, entendait les chants noirs, les discours sur sa tombe : « Pauvre Tartarin, *péchère!*... » Et, perdu dans la foule de ses amis, il se pleurait lui-même.

Mais, presque aussitôt, la vue de son cabinet plein de soleil, tout reluisant d'armes et de pipes alignées, la chanson du petit filet d'eau au milieu du jardin, le remit dans le vrai des choses. Différemment, pourquoi mourir? pourquoi partir même? Qui l'y obligeait, quel sot amour-propre? risquer la vie pour un fauteuil présidentiel et pour trois lettres!...

Ce ne fut qu'une faiblesse, et qui ne dura pas plus que l'autre. Au bout de cinq minutes, le testament était fini, paraphé, scellé d'un énorme cachet noir, et le grand homme faisait ses derniers préparatifs de départ.

Une fois encore le Tartarin de garenne avait triomphé du Tartarin de choux. Et l'on pouvait dire du héros tarasconnais ce qu'il a été dit de Turenne : « Son corps n'était pas toujours prêt à aller à la bataille, mais sa volonté l'y menait malgré lui. »

Le soir de ce même jour, comme le dernier coup de dix heures sonnait au jacquemart de la maison de ville, les rues déjà désertes, agrandies, à peine çà et là un heurtoir retardataire, de grosses voix étranglées de peur se criant dans le noir: « Bonne nuit, au *mouain*... » avec une brusque retombée de porte, un passant se glissait dans la ville éteinte où rien n'éclairait plus la façade des maisons que les reverbères et les bocaux teintés de rose et de vert de la pharmacie Bézuquet se projetant sur la placette avec la silhouette du pharmacien accoudé à son bureau et dormant sur le Codex. Un petit acompte qu'il prenait ainsi chaque soir, de neuf à dix, afin, disait-il, d'être plus frais la nuit si l'on avait besoin de ses services. Entre nous, c'était là une simple tarasconnade, car on ne le réveillait jamais et, pour dormir plus tranquille, il avait coupé lui-même le cordon de la sonnette de secours.

Subitement, Tartarin entra, chargé de couvertures, un sac de voyage à la main, et si pâle, si décomposé, que le pharmacien, avec cette fougueuse imagination locale dont l'apothicairerie ne le gardait pas, crut à quelque aventure effroyable et s'épouvanta : « Malheureux !... qu'y a-t-il ?... vous êtes empoisonné ?... Vite, vite, l'ipéca.... »

Il s'élançait, bousculait ses bocaux. Tartarin, pour l'arrêter, fut obligé de le prendre à bras-le-corps : « Mais écoutez-moi donc, *qué* diable ! » et dans sa voix grinçait le dépit de l'acteur à qui l'on a fait manquer son entrée. Le pharmacien une fois immobilisé au comptoir par un poignet de fer, Tartarin lui dit tout bas :

« Sommes-nous seuls, Bézuquet ?

— Bé oui.... fit l'autre en regardant autour de lui avec un vague effroi.... Pascalon est couché (Pascalon, c'était son élève), la maman aussi, mais pourquoi ?

— Fermez les volets, commanda Tartarin sans répondre... on pourrait nous voir du dehors. »

Bézuquet obéit en tremblant. Vieux garçon, vivant avec sa mère qu'il n'avait jamais quittée, il était d'une douceur, d'une timidité de demoiselle contrastant étrangement avec son teint basané, ses lèvres lippues, son grand nez en croc sur une moustache éployée, une tête de forban algérien d'avant la conquête. Ces antithèses sont fréquentes à Tarascon où les têtes ont trop de caractère, romaines, sarrazines, têtes d'expression des modèles de dessin, déplacées en des métiers bourgeois et des mœurs ultra-pacifiques de petite ville.

C'est ainsi qu'Excourbaniès, qui a l'air d'un conquistador compagnon de Pizarre, vend de la mercerie, roule des yeux flamboyants pour débiter deux sous de fil, et que Bézuquet, étiquetant la réglisse sanguinède et le *sirupus gummi*, ressemble à un vieil écumeur des côtes barbaresques.

Quand les volets furent mis, assurés de boulons de fer et de barres transversales : « Écoutez, Ferdinand... » dit Tartarin, qui appelait volontiers les gens par leur prénom, et il se débonda, vida son cœur gros de rancunes contre l'ingratitude de ses compatriotes, raconta les basses manœuvres de la « Jambe de coq », le tour qu'on voulait lui jouer aux prochaines élections, et la façon dont il comptait parer la botte.

Avant tout, il fallait tenir la chose très secrète, ne la révéler qu'au moment précis où elle déciderait peut-être du succès, à moins qu'un accident toujours à prévoir, une de ces affreuses catastrophes.... « Eh! coquin de sort, Bézuquet, ne sifflez donc pas comme ça pendant qu'on parle. »

C'était un des tics du pharmacien. Peu bavard

de sa nature, ce qui ne se rencontre guère à Tarascon et lui valait la confidence du président, ses grosses lèvres toujours en O gardaient l'habitude d'un perpétuel sifflotement qui semblait rire au nez du monde, même dans l'entretien le plus grave.

Et pendant que le héros faisait allusion à sa

mort possible, disait en posant sur le comptoir un large pli cacheté: « Mes dernières volontés sont là, Bézuquet, c'est vous que j'ai choisi pour exécuteur testamentaire....

— Hu... hu... hu... » sifflotait le pharmacien emporté par sa manie, mais, au fond, très ému et comprenant la grandeur de son rôle.

Puis, l'heure du départ étant proche, il voulut boire à l'entreprise « quelque chose de bon, qué?... un verre d'élixir de Garus. » Plusieurs armoires ouvertes et visitées, il se souvint que la maman avait les clefs du Garus. Il aurait fallu la réveiller, dire qui était là. On remplaça l'élixir par un verre de *sirop de Calabre,* boisson d'été, modeste et inoffensive, dont Bézuquet est l'inventeur et qu'il annonce dans le *Forum* sous cette rubrique : « *Sirop de Calabre, dix sols la bouteille, verre compris* ». « *Sirop de cadavre, vers compris,* » disait l'infernal Costecalde qui bavait sur tous les succès ; du reste, cet affreux jeu de mots n'a fait que servir à la vente et les Tarasconnais en raffolent, de ce sirop de cadavre.

Les libations faites, quelques derniers mots échangés, ils s'étreignirent, Bézuquet sifflotant dans sa moustache où roulaient de grosses larmes.

« Adieu, au *mouain...* » dit Tartarin d'un ton

brusque, sentant qu'il allait pleurer aussi ; et comme l'auvent de la porte était mis, le héros dut sortir de la pharmacie à quatre pattes.

C'étaient les épreuves du voyage qui commençaient.

Trois jours après, il débarquait à Vitznau, au pied du Rigi. Comme montagne de début, exercice d'entrainement, le Rigi l'avait tenté à cause de sa petite altitude (1800 mètres, environ dix fois le Mont-Terrible, la plus haute des Alpines!) et aussi à cause du splendide panorama qu'on découvre du sommet, toutes les Alpes bernoises alignées, blanches et roses, autour des lacs, attendant que l'ascensionniste fasse son choix, jette son piolet sur l'une d'elles.

Certain d'être reconnu en route, et peut-être suivi, car c'était sa faiblesse de croire que par toute la France il était aussi célèbre et populaire qu'à Tarascon, il avait fait un grand détour pour entrer en Suisse et ne se harnacha qu'après la frontière. Bien lui en prit ; jamais tout son armement n'aurait pu tenir dans un wagon français.

Mais, si commodes que soient les compartiments suisses, l'Alpiniste, empêtré d'ustensiles dont il n'avait pas encore l'habitude, écrasait des orteils avec la pointe de son alpenstock, harponnait les gens au passage de ses crampons de fer, et partout où il entrait, dans les gares, les salons d'hôtel ou de paquebot, excitait autant

d'étonnements que de malédictions, de reculs, de regards de colère qu'il ne s'expliquait pas et dont souffrait sa nature affectueuse et communicative. Pour l'achever, un ciel toujours gris, moutonneux, et une pluie battante.

Il pleuvait à Bâle sur les petites maisons blanches lavées et relavées par la main des ser-

..... Elle fut prise d'un rire inextinguible qui lui fendait la
bouche jusqu'aux oreilles....

vantes et l'eau du ciel ; il pleuvait à Lucerne sur le quai d'embarquement où les malles, les colis semblaient sauvés d'un naufrage, et quand il arriva à la station de Vitznau, au bord du lac des Quatre-Cantons, c'était le même déluge sur les pentes vertes du Rigi, chevauchées de nuées

noires, avec des torrents qui dégoulinaient le long des roches, des cascades en humide poussière, des égouttements de toutes les pierres, de toutes les aiguilles des sapins. Jamais le Tarasconnais n'avait vu tant d'eau.

Il entra dans une auberge, se fit servir un café au lait, miel et beurre, la seule chose vraiment bonne qu'il eût encore savourée dans le voyage :

puis, une fois restauré, sa barbe empoissée de miel nettoyée d'un coin de serviette, il se disposa à tenter sa première ascension.

« Et autrement, demanda-t-il pendant qu'il chargeait son sac, combien de temps faut-il pour monter au Rigi?

— Une heure, une heure et quart, monsieur; mais dépêchez-vous, le train part dans cinq minutes.

— Un train pour le Rigi!... vous badinez! »

Par la fenêtre à vitraux de plomb de l'auberge, on le lui montra qui partait. Deux grands wagons couverts, sans vasistas, poussés par une locomotive à cheminée courte et ventrue en forme de marmite, un monstrueux insecte agrippé à la montagne et s'essoufflant à grimper ses pentes vertigineuses.

Les deux Tartarin, garenne et choux, se révoltèrent en même temps à l'idée de monter dans cette hideuse mécanique. L'un trouvait ridicule cette façon de grimper les Alpes en ascenseur; quant à l'autre, ces rails à pic, ces ponts aériens que traversait la voie avec la perspective d'une chute de 1000 mètres au moindre déraillement, lui inspiraient toutes sortes de réflexions lamentables que justifiait la présence du petit cimetière de Vitznau, dont les tombes blanches se serraient, tout au bas de la pente, comme du linge étalé dans la cour d'un lavoir. Évidemment ce cimetière est là par précaution, et pour qu'en cas d'accident les voyageurs se trouvent tout portés.

« Allons-y de mon pied, se dit le vaillant Tarasconnais, ça m'exercera... zou ! »

Et le voilà parti, tout préoccupé de la manœuvre de son alpenstock en présence du personnel de l'auberge accouru sur la porte et lui criant pour sa route des indications qu'il n'écoutait pas. Il suivit d'abord un chemin montant, pavé de gros cailloux inégaux et pointus comme une ruelle du Midi, et bordé de rigoles en sapin pour l'écoulement des eaux de pluie.

A droite et à gauche, de grands vergers, des prairies grasses et humides traversées de ces mêmes canaux d'irrigation en troncs d'arbres. Cela faisait un long clapotis du haut en bas de la montagne, et chaque fois que le piolet de l'Alpiniste accrochait au passage les branches basses d'un chêne ou d'un noyer, sa casquette crépitait comme sous une pomme d'arrosoir.

« *Diou !* que d'eau ! » soupirait l'homme du Midi. Mais ce fut bien pis quand, le cailloutis du chemin ayant brusquement cessé, il dut barboter à même le torrent, sauter d'une pierre à l'autre pour ne pas tremper ses guêtres. Puis l'ondée s'en mêla, pénétrante, continue, semblant froidir à mesure qu'il montait. Quand il s'arrêtait pour reprendre haleine, il n'entendait plus qu'un vaste bruit d'eau où il était comme noyé, et il voyait en se retournant les nuages rejoindre le lac en fines et longues baguettes de verre au travers desquelles les chalets de Vitznau luisaient comme des joujoux frais vernissés.

Des hommes, des enfants passaient près de lui la tête basse, le dos courbé sous la même hotte en bois blanc contenant des provisions pour quelque villa ou pension dont les balcons découpés s'apercevaient à mi-côte. « Rigi-Kulm? » demandait Tartarin pour s'assurer qu'il était bien dans la direction ; mais son équipement extraordinaire, surtout le passe-montagne en tricot qui lui masquait la figure, jetaient l'effroi

sur sa route, et tous, ouvrant des yeux ronds, pressaient le pas sans lui répondre.

Bientôt ces rencontres devinrent rares ; le dernier être humain qu'il aperçut était une vieille qui lavait son linge dans un tronc d'arbre, à l'abri d'un énorme parapluie rouge planté en terre.

« Rigi-Kulm ? » demanda l'Alpiniste.

La vieille leva vers lui une face idiote et terreuse, avec un goître qui lui ballait dans le cou, aussi gros que la sonnaille rustique d'une vache suisse ; puis, après l'avoir longuement regardé, elle fut prise d'un rire inextinguible qui lui fendait la bouche jusqu'aux oreilles, bridait de rides ses petits yeux, et chaque fois qu'elle les rouvrait, la vue de Tartarin planté devant elle, le piolet sur l'épaule, semblait redoubler sa joie.

« *Tron de l'air !* gronda le Tarasconnais, elle a de la chance d'être femme.... » et, tout bouffant de colère, il continua sa route, s'égara dans une sapinière, où ses bottes glissaient sur la mousse ruisselante.

Au delà, le paysage avait changé. Plus de sentiers, d'arbres ni de pâturages. Des pentes mornes. dénudées, de grands éboulis de roche qu'il escaladait sur les genoux de peur de tomber ; des fondrières pleines d'une boue jaune qu'il traversait lentement, tâtant devant lui avec l'alpenstock, levant le pied comme un rémouleur. A chaque instant, il regardait la boussole en breloque à son large cordon de montre ; mais, soit l'altitude ou les variations de la température, l'aiguille semblait affolée. Et nul moyen de s'orienter avec l'épais brouillard jaune empêchant de voir à dix pas, traversé depuis un moment d'un verglas fourmillant et glacial qui rendait la montée de plus en plus difficile.

Tout à coup il s'arrêta ; le sol blanchissait vaguement devant lui.... Gare les yeux !...

Il arrivait dans la région des neiges....

Tout de suite il tira ses lunettes de leur étui, les assujettit solidement. La minute était solennelle. Un peu ému, fier tout de même, il sembla à Tartarin que, d'un bond, il s'était élevé de 1000 mètres vers les cimes et les grands dangers.

Il n'avança plus qu'avec précaution, rêvant des crevasses et des rotures dont lui parlaient ses livres et, dans le fond de son cœur, maudissant les gens de l'auberge qui lui avaient conseillé de monter tout droit et sans guides. Au fait, peut-être s'était-il trompé de montagne ! Plus de six heures qu'il marchait, quand le Rigi ne demandait que trois heures. Le vent soufflait, un vent froid qui faisait tourbillonner la neige dans la brume crépusculaire.

La nuit allait le surprendre. Où trouver une hutte, seulement l'avancée d'une roche pour s'abriter ? Et tout à coup il aperçut devant lui, sur le terre-plein sauvage et nu, une espèce de chalet en bois, bandé d'une pancarte aux lettres énormes qu'il déchiffra péniblement : « PHO... TO...GRA...PHIE DU RI...GI...KULM ». En même temps, l'immense hôtel aux trois cents fenêtres lui apparaissait un peu plus loin, entre les lampadaires de fête qui s'allumaient dans le brouillard.

..... Tout ému de sentir une minute cette main mignonne effleurer son épaule.

III

Une Alerte sur le Rigi. — Du Sangfroid! du Sangfroid! — Le Cor des Alpes. — Ce que Tartarin trouve à sa glace en se réveillant. — Perplexité. — On demande un guide par le téléphone.

« *Qués aco ?...* Qui vive ?... » fit le Tarasconnais l'oreille tendue, les yeux écarquillés dans les ténèbres.

Des pas couraient par tout l'hôtel, avec des claquements de portes, des souffles haletants, des cris : « Dépêchez-vous !... » tandis qu'au dehors sonnaient comme des appels de trompe et que de brusques montées de flammes illuminaient vitres et rideaux....

Le feu !...

D'un bond il fut hors du lit, chaussé, vêtu,

dégringolant l'escalier où le gaz brûlait encore et que descendait tout un essaim bruissant de *misses* coiffées à la hâte, serrées dans des châles verts, des fichus de laine rouge, tout ce qui leur était tombé sous la main en se levant.

Tartarin, pour se réconforter lui-même et rassurer ces demoiselles, criait en se précipitant et bousculant tout le monde : « Du sang-froid ! du sang-froid ! » avec une voix de goëland, blanche, éperdue, une de ces voix comme on en a dans les rêves, à donner la chair de poule aux plus braves. Et comprenez-vous ces petites *misses* qui riaient en le regardant, semblaient le trouver très drôle. On n'a aucune notion du danger, à cet âge !

Heureusement, le vieux diplomate venait derrière elles, très sommairement vêtu d'un pardessus que dépassaient des caleçons blancs et des bouts de cordonnets.

Enfin, voilà un homme !...

Tartarin courut à lui en agitant les bras : « Ah ! monsieur le baron, quel malheur !... Savez-vous quelque chose ?... Où est-ce ?... Comment a-t-il pris ?

— Qui ? Quoi ?... » bégayait le baron ahuri, sans comprendre.

« Mais, le feu...

— Quel feu ?... »

Le pauvre homme avait une mine si extraordinairement déprimée et stupide que Tartarin l'abandonna et s'élança dehors brusquement pour « organiser les secours !... »

« Des secours ! » répétait le baron et, après lui, cinq ou six garçons de salle qui dormaient debout dans l'antichambre et s'entre-regardèrent, absolument égarés... « Des secours !... »

Au premier pas dehors, Tartarin s'aperçut de son erreur. Pas le moindre incendie. Un froid de loup, la nuit profonde à peine éclaircie des torches de résine qu'on agitait çà et là et qui faisaient sur la neige de grandes traces sanglantes.

Au bas du perron, un joueur de cor des Alpes mugissait sa plainte modulée, un monotone ranz des vaches à trois notes avec lequel il est d'usage, au Rigi-Kulm, de réveiller les adorateurs du soleil et de leur annoncer la prochaine apparition de l'astre.

On prétend qu'il se montre parfois à son premier réveil à la pointe extrême de la montagne, derrière l'hôtel. Pour s'orienter, Tartarin n'eut qu'à suivre le long éclat de rire des misses qui passaient près de lui. Mais il allait plus lentement, encore plein de sommeil et les jambes lourdes de ses six heures d'ascension.

« C'est vous, Manilof ?... dit tout à coup dans

l'ombre une voix claire, une voix de femme....
Aidez-moi donc.... J'ai perdu mon soulier. »

Il reconnut le gazouillis étranger de sa petite voisine de table, dont il cherchait la fine silhouette dans le pâle reflet blanc montant du sol.

« Ce n'est pas Manilof, mademoiselle, mais si je puis vous être utile.... »

Elle eut un petit cri de surprise et de peur, un geste de recul que Tartarin n'aperçut pas, déjà penché, tâtant l'herbe rase et craquante autour de lui.

« Té, pardi ! le voilà... » s'écria-t-il joyeusement. Il secoua la fine chaussure que la neige poudrait à frimas, mit un genou à terre, dans le froid et l'humide, de la façon la plus galante, et demanda pour récompense l'honneur de chausser Cendrillon.

Celle-ci, plus farouche que dans le conte, répondit par un « non » très sec, et sautillait, essayant de réintégrer son bas de soie dans le soulier mordoré ; mais elle n'y serait jamais parvenue sans l'aide du héros, tout ému de sentir une minute cette main mignonne effleurer son épaule.

« Vous avez de bons yeux... ajouta-t-elle en manière de remerciement, pendant qu'ils marchaient à tâtons, côte à côte.

— L'habitude de l'affût, mademoiselle.

— Ah! vous êtes chasseur? »

Elle dit cela avec un accent railleur, incrédule. Tartarin n'aurait eu qu'à se nommer pour la convaincre, mais, comme tous les porteurs de noms illustres, il gardait une discrétion, une coquetterie ; et, voulant graduer la surprise :

« Je suis chasseur, *effétivemain*.... »

Elle continua sur le même ton d'ironie :

« Et quel gibier chassez-vous donc, de préférence ?

— Les grands carnassiers, les grands fauves... fit Tartarin, croyant l'éblouir.

— En trouvez-vous beaucoup sur le Rigi ? »

Toujours galant et à la riposte, le Tarasconnais allait répondre que, sur le Rigi, il n'avait rencontré que des gazelles, quand sa réplique fut coupée par l'approche de deux ombres qui appelaient :

« Sonia... Sonia....

— J'y vais.... » dit-elle ; et se tournant vers Tartarin dont les yeux, faits à l'obscurité, distinguaient sa pâle et jolie figure sous une mantille en manola, elle ajouta, sérieuse cette fois :

« Vous faites une chasse dangereuse, mon bonhomme... prenez garde d'y laisser vos os.... »

Et, tout de suite, elle disparut dans le noir avec ses compagnons.

Plus tard l'intonation menaçante qui soulignait ces paroles devait troubler l'imagination du méridional ; mais, ici, il fut seulement vexé de ce mot de « bonhomme » jeté à son embonpoint grisonnant et du brusque départ de la jeune fille juste au moment où il allait se nommer, jouir de sa stupéfaction.

Il fit quelques pas dans la direction où le groupe s'éloignait, entendit une rumeur confuse, les toux, les éternuements des touristes attroupés qui attendaient avec impatience le lever du soleil, quelques-uns des plus braves grimpés sur un petit belvédère dont les montants, ouatés de neige, se distinguaient en blanc dans la nuit finissante.

Une lueur commençait à éclaircir l'Orient, saluée d'un nouvel appel de cor des Alpes et de ce « ah ! » soulagé que provoque au théâtre le troisième coup pour lever le rideau. Mince comme la fente d'un couvercle, elle s'étendait, cette lueur, élargissait l'horizon ; mais en même temps montait de la vallée un brouillard opaque et jaune, une buée plus pénétrante et plus épaisse à mesure que le jour venait. C'était comme un voile entre la scène et les spectateurs.

Il fallait renoncer aux gigantesques effets annoncés sur les Guides. En revanche, les tournures hétéroclites des danseurs de la veille arrachés au sommeil se découpaient en ombres chinoises, falottes et cocasses ; des châles, des couvertures, jusqu'à des courtines de lit les recouvraient. Sous des coiffures variées, bonnets de soie ou de coton, capelines, toques, casquettes à oreilles, c'étaient des faces effarées, bouffies, des têtes de naufragés perdus sur un îlot en pleine mer et guettant une voile au large de tous leurs yeux écarquillés.

Et rien, toujours rien !

Pourtant certains s'évertuaient à distinguer des cimes dans un élan de bonne volonté et, tout en haut du belvédère, on entendait les gloussements de la famille péruvienne serrée autour d'un grand diable, vêtu jusqu'aux pieds de son ulster à carreaux, qui détaillait imperturbablement l'invisible panorama des Alpes bernoises, nommant et désignant à voix haute les sommets perdus dans la brume :

« Vous voyez à gauche le Finsteraarhorn, quatre mille deux cent soixante-quinze mètres..., le Schreckhorn, le Wetterhorn, le Moine, la Jungfrau, dont je signale à ces demoiselles les proportions élégantes....

— Bé! vrai, en voilà un qui ne manque pas de toupet!... » se dit le Tarasconnais, puis à la réflexion : « Je connais cette voix, pas *mouain*. »

Il reconnaissait surtout l'accent, cet *assent* du Midi qui se distingue de loin comme l'odeur de l'ail; mais tout préoccupé de retrouver sa jeune inconnue, il ne s'arrêta pas, continua d'inspecter les groupes sans succès. Elle avait dû rentrer à l'hôtel, comme ils faisaient tous, fatigués de rester à grelotter, à battre la semelle.

Des dos ronds, des tartans dont les franges balayaient la neige s'éloignaient, disparaissaient dans le brouillard de plus en plus épaissi. Bientôt, il ne resta plus, sur le plateau froid et désolé d'une aube grise, que Tartarin et le joueur de cor des Alpes qui continuait à souffler mélancoliquement dans l'énorme bouquin, comme un chien qui aboie à la lune.

C'était un petit vieux à longue barbe, coiffé d'un chapeau tyrolien orné de glands verts lui tombant dans le dos, et portant, comme toutes les casquettes de service de l'hôtel, le *Regina montium* en lettres dorées. Tartarin s'approcha pour lui donner son pourboire, ainsi qu'il l'avait vu faire aux autres touristes :

« Allons nous coucher, mon vieux, » dit-il ; et, lui tapant sur l'épaule avec sa familiarité tarasconnaise : « Une fière blague, *qué!* le soleil du Rigi. »

Le vieux continua de souffler dans sa corne, achevant sa ritournelle à trois notes avec un rire muet qui plissait le coin de ses yeux et secouait les glands verts de sa coiffure.

Tartarin, malgré tout, ne regrettait pas sa nuit. La rencontre de la jolie blonde le dédommageait du sommeil interrompu ; car, tout près de la cinquantaine, il avait encore le cœur chaud, l'imagination romanesque, un ardent foyer de vie. Remonté chez lui, les yeux fermés pour se rendormir, il croyait sentir dans sa main le petit soulier menu si léger, entendre les petits cris sautillants de la jeune fille : « Est-ce vous, Manilof?... »

Sonia... quel joli nom!... Elle était Russe, certainement ; et ces jeunes gens voyageant avec elle, des amis de son frère, sans doute.... Puis tout se brouilla, le joli minois frisé en or alla rejoindre d'autres visions flottantes et assoupies, pentes du Rigi, cascades en panaches ; et bientôt le souffle héroïque du grand homme, sonore et rythmé, emplit la petite chambre et une bonne partie du corridor....

Au moment de descendre, sur le premier coup du déjeuner, Tartarin s'assurait que sa barbe était bien brossée et qu'il n'avait pas trop mauvaise mine dans son costume d'alpiniste, quand tout à coup il tressaillit. Devant lui, grande ouverte et collée à la glace par deux pains à cacheter, une lettre anonyme étalait les menaces suivantes :

« *Français du diable, ta défroque te cache mal. On te fait grâce encore ce coup-ci ; mais si tu te retrouves sur notre passage, prends garde.* »

Ébloui, il relut deux ou trois fois sans comprendre. A qui, à quoi prendre garde ? Comment cette lettre était-elle venue là ? Évidemment pendant son sommeil, car il ne l'avait pas aperçue au retour de sa promenade aurorale. Il sonna la fille de service, une grosse face blafarde et plate, trouée de petite vérole, un vrai pain de gruyère dont il ne put rien tirer d'intelligible sinon qu'elle

était de « pon famille » et n'entrait jamais dans les chambres pendant que les messieurs ils y étaient.

« Quelle drôle de chose, pas moins ! » disait

Tartarin tournant et retournant sa lettre, très impressionné. Un moment le nom de Costecalde lui traversa l'esprit : Costecalde instruit de ses projets d'ascension et essayant de l'en détourner par des manœuvres, des menaces. A la réflexion, cela lui parut invraisemblable, il finit par se

persuader que cette lettre était une farce... peut-être les petites misses qui lui riaient au nez de si bon cœur... elles sont si libres, ces jeunes filles anglaises et américaines !

Le second coup sonnait. Il cacha la lettre anonyme dans sa poche : « Après tout, nous verrons bien... » Et la moue formidable dont il accompagnait cette réflexion indiquait l'héroïsme de son âme.

Nouvelle surprise en se mettant à table. Au lieu de sa jolie voisine « qu'amour frise en or », il aperçut le cou de vautour d'une vieille dame anglaise dont les grands repentirs époussetaient la nappe. On disait tout près de lui que la jeune demoiselle et sa société étaient parties par un des premiers trains du matin.

« Cré nom ! Je suis floué... » fit, tout haut, le ténor italien qui, la veille, signifiait si brusquement à Tartarin qu'il ne comprenait pas le français. Il l'avait donc appris pendant la nuit ! Le ténor se leva, jeta sa serviette et s'enfuit, laissant le méridional complètement anéanti.

Des convives de la veille, il ne restait plus que lui. C'est toujours ainsi, au Rigi-Kulm, où l'on ne séjourne guère que vingt-quatre heures. D'ailleurs le décor était invariable, les compotiers en files séparant les factions. Mais, ce matin, les Riz triomphaient en grand nombre, renforcés d'illustres personnages, et les Pruneaux, comme on dit, n'en menaient pas large.

Tartarin, sans prendre parti pour les uns ni pour les autres, monta dans sa chambre avant les manifestations du dessert, boucla son sac et demanda sa note : il en avait assez du *Regina montium* et de sa table d'hôte de sourds-muets.

Brusquement repris de sa folie alpestre au contact du piolet, des crampons et des cordes dont il s'était réaffublé, il brûlait d'attaquer une vraie montagne, au sommet dépourvu d'ascenseur et de photographie en plein vent. Il hésitait encore entre le Finsteraarhorn plus élevé et la Jungfrau plus célèbre, dont le joli nom de virginale blancheur le ferait penser plus d'une fois à la petite Russe.

En ruminant ces alternatives, pendant qu'on préparait sa note, il s'amusait à regarder, dans l'immense hall lugubre et silencieux de l'hôtel, les grandes photographies coloriées accrochées aux murailles, représentant des glaciers, des pentes neigeuses, des passages fameux et dangereux de la montagne : ici, des ascensionnistes à la file, comme des fourmis en quête, sur une arête de glace tranchante et bleue ; plus loin une énorme crevasse aux parois glauques en travers de laquelle on a jeté une échelle que franchit une dame sur les genoux, puis un abbé relevant sa soutane.

L'alpiniste de Tarascon, les deux mains sur son piolet, n'avait jamais eu l'idée de difficultés pareilles ; il faudrait passer là, pas moins !...

Tout à coup, il pâlit affreusement.

Dans un cadre noir, une gravure, d'après le dessin fameux de Gustave Doré, reproduisait la catastrophe du mont Cervin : Quatre corps humains à plat ventre ou sur le dos, dégringolant la pente presque à pic d'un névé, les bras

jetés, les mains qui tâtent, se cramponnent, cherchent la corde rompue qui tenait ce collier de vies et ne sert qu'à les entraîner mieux vers la mort, vers le gouffre où le tas va tomber pêle-mêle avec les cordes, les piolets, les voiles verts, tout le joyeux attirail d'ascension devenu soudainement tragique

« Mâtin ! » fit le Tarasconnais parlant tout haut dans son épouvante.

Un maître d'hôtel fort poli entendit son exclamation et crut devoir le rassurer. Les accidents de ce genre devenaient de plus en plus rares; l'essentiel était de ne pas faire d'imprudence et, surtout, de se procurer un bon guide.

Tartarin demanda si on pourrait lui en indiquer un, là, de confiance.... Ce n'est pas qu'il eût peur, mais cela vaut toujours mieux d'avoir quelqu'un de sûr.

Le garçon réfléchit, l'air important, tortillant ses favoris : « De confiance... de confiance... Ah ! si monsieur m'avait dit ça plus tôt, nous avions ce matin un homme qui aurait bien été l'affaire... le courrier d'une famille péruvienne....

— Il connaît la montagne? fit Tartarin d'un air entendu.

— Oh! monsieur, toutes les montagnes... de Suisse, de Savoie, du Tyrol, de l'Inde, du monde entier, il les a toutes faites, il les sait par cœur et vous les raconte, c'est quelque chose!... Je crois qu'on le déciderait facilement... Avec un homme comme celui-là, un enfant irait partout sans danger.

— Où est-il? où pourrais-je le trouver?

— Au Kaltbad, monsieur, où il prépare les chambres de ses voyageurs.... Nous allons téléphoner. »

Un téléphone au Rigi! Ça, c'était le comble. Mais Tartarin ne s'étonnait plus.

Cinq minutes après, le garçon revint, rapportant la réponse.

Le courrier des Péruviens venait de partir pour la Tellsplatte où il passerait certainement la nuit.

Cette Tellsplatte est une chapelle commémorative, un de ces pèlerinages en l'honneur de Guillaume Tell comme on en trouve plusieurs en Suisse. On s'y rendait beaucoup pour voir les peintures murales qu'un fameux peintre bâlois achevait d'exécuter dans la chapelle....

Par le bateau, il ne fallait guère plus d'une heure, une heure et demie; Tartarin n'hésita pas. Cela lui ferait perdre un jour, mais il se devait de rendre cet hommage à Guillaume Tell, pour lequel il avait une prédilection singulière ; et puis, quelle chance s'il pouvait saisir ce guide merveilleux, le décider à faire la Jungfrau avec lui.

En route, zou!...

Il paya vite sa note où le coucher et le lever du soleil étaient comptés à part ainsi que la bougie et le service ; et, toujours précédé de ce terrible bruit de ferraille qui semait la surprise et l'effroi sur son passage, il se rendit à la gare, car redescendre le Rigi à pied, comme il l'avait monté, c'était du temps perdu et, vraiment, faire trop d'honneur à cette montagne artificielle.

..... Toute une bande de l'armée du Salut.....

IV

Sur le bateau. — Il pleut. — Le héros Tarasconnais salue des mânes. — La vérité sur Guillaume Tell. — Désillusion. — Tartarin de Tarascon n'a jamais existé. — « Té ! Bompard. »

Il avait laissé la neige au Rigi-Kulm ; en bas, sur le lac, il retrouva la pluie, fine, serrée, indistincte, une vapeur d'eau à travers laquelle les montagnes s'estompaient, graduées et lointaines, en forme de nuages.

Le « Fœhn » soufflait, faisait moutonner le lac où les mouettes volant bas semblaient portées par la vague; on aurait pu se croire en pleine mer.

Et Tartarin se rappelait sa sortie de Marseille, quinze ans auparavant, lorsqu'il partit pour la chasse au lion, ce ciel sans tache, ébloui de lumière blonde, cette mer bleue, mais bleue comme une eau de teinture, rebroussée par le mistral avec de blancs étincellements de salines, et les clairons des forts, tous les clochers en branle, ivresse, joie, soleil, féerie du premier voyage!

Quel contraste avec ce pont noir de mouillure, presque désert, sur lequel se distinguaient dans la brume, comme derrière un papier huilé, quelques passagers vêtus d'ulsters, de caoutchoucs informes, et l'homme de la barre immobile à l'arrière, tout encapuchonné dans son caban, l'air grave et sybillin au-dessus de cette pancarte en trois langues :

« Défense de parler au timonier. »

Recommandation bien inutile, car personne ne parlait à bord du *Winkelried*, pas plus sur le pont que dans les salons de première et de seconde, bondés de voyageurs aux mines lugubres, dormant, lisant, bâillant, pêle-mêle avec leurs menus bagages semés sur les banquettes. C'est ainsi qu'on se figure un convoi de déportés au lendemain d'un coup d'État.

De temps en temps, le beuglement rauque de la vapeur annonçait l'approche d'une station. Un bruit de pas, de bagages remués trainait sur le pont. Le rivage sortait de la brume, s'avançait, montrant des pentes d'un vert sombre, des villas grelottant parmi des massifs inondés, des peupliers en file au bord de routes boueuses le long desquelles de somptueux hôtels s'alignaient avec des lettres d'or sur leurs façades, hôtels Meyer, Müller, du Lac, et des têtes ennuyées apparaissant aux vitres ruisselantes.

On abordait le ponton de débarquement, des gens descendaient, montaient, également crottés, trempés et silencieux. C'était sur le petit port un va-et-vient de parapluies, d'omnibus vite évanouis. Puis le grand battement des roues faisait mousser l'eau sous leurs palettes et le rivage fuyait, rentrait dans le vague paysage avec les pensions Meyer, Müller, du Lac, dont les fenêtres, un instant ouvertes, laissaient voir à tous les étages des mouchoirs agités, des bras tendus qui semblaient dire : « Grâce, pitié, emmenez-nous... si vous saviez...! »

Parfois, le *Winkelried* croisait au passage un autre vapeur avec son nom en lettres noires sur le tambour blanc : *Germania...*, *Guillaume Tell...* C'était le même pont lugubre, les mêmes caoutchoucs miroitants, la même traversée lamentable, que le vaisseau fantôme allât dans ce sens-ci ou dans celui-là, les mêmes regards navrés, échangés d'un bord à l'autre.

Et dire que tous ces gens voyageaient pour leur plaisir, et qu'ils étaient aussi captifs, pour

leur plaisir, les pensionnaires des hôtels du Lac, Meyer et Müller !

Ici, comme au Rigi-Kulm, ce qui suffoquait surtout Tartarin, ce qui le navrait, le gelait encore plus que la pluie froide et le ciel sans lumière, c'était de ne pouvoir parler. En bas, il avait bien retrouvé des figures de connaissance, le membre du Jockey avec sa nièce (hum! hum !...) l'académicien Astier-Réhu et le professeur Schwanthaler, ces deux implacables ennemis condamnés à vivre côte à côte pendant un mois, rivés au même itinéraire d'un voyage circulaire Cook, d'autres encore : mais aucun de ces illustres Pruneaux ne voulait reconnaitre le Tarasconnais, que son passemontagne, ses outils de fer, ses cordes en sautoir distinguaient cependant, poinçonnaient d'une

façon toute particulière. Tous semblaient honteux du bal de la veille, de l'entraînement inexplicable où les avait jetés la fougue de ce gros homme.

Seule, Mme Schwanthaler était venue vers son danseur, avec sa mine toute rose et riante de petite fée boulotte, et, prenant sa jupe à deux doigts comme pour esquisser un pas de menuet : « Ballir.... dantsir.... très choli.... » disait la bonne dame. Était-ce un souvenir qu'elle évoquait, ou la tentation de tourner encore en mesure ? C'est qu'elle ne le lâchait pas, et Tartarin, pour échapper à son insistance, remontait sur le pont, aimant mieux se tremper jusqu'aux os que d'être ridicule.

Et il en tombait, et le ciel était sale ! Pour achever de l'assombrir, toute une bande de « l'Armée du Salut » qu'on venait de prendre à Beckenried, une dizaine de grosses filles à l'air hébété, en robes bleu marine et chapeaux Greenaway, se groupait sous trois énormes parapluies rouges et chantait des versets, accompagnés sur l'accordéon par un homme, une espèce de David-la-Gamme, long, décharné, les yeux fous. Ces voix aiguës, molles, discordantes comme des cris de mouettes, roulaient, se traînaient à travers la pluie, la fumée noire de la machine que le vent rabattait. Jamais Tartarin n'avait entendu rien de si lamentable.

A Brunnen, la troupe descendit, laissant les poches des voyageurs gonflées de petites brochures pieuses ; et presque aussitôt que l'accordéon et les chants de ces pauvres larves eurent cessé, le ciel se débrouilla, laissa voir quelques morceaux de bleu.

Maintenant, on entrait dans le lac d'Uri assombri et resserré entre de hautes montagnes sauvages et, sur la droite, au pied du Seelisberg, les touristes se montraient le champ de Grütli, où Melchtal, Fürst et Stauffacher firent le serment de délivrer leur patrie.

Tartarin, très ému, se découvrit religieusement sans prendre garde à la stupeur environnante, agita même sa casquette en l'air par trois fois, pour rendre hommage aux mânes des héros. Quelques passagers s'y trompèrent et, poliment, lui rendirent son salut.

Enfin la machine poussa un mugissement enroué, répercuté d'un écho à l'autre de l'étroit espace. L'écriteau qu'on accrochait sur le pont à chaque station nouvelle, comme on fait dans les bals publics pour varier les contredanses, annonça Tellsplatte.

On arrivait.

La chapelle est située à cinq minutes du débarcadère, tout au bord du lac, sur la roche même où Guillaume Tell sauta, pendant la tempête, de la barque de Gessler. Et c'était pour Tartarin une émotion délicieuse, pendant qu'il suivait le long du lac les voyageurs du Circulaire Cook, de fouler ce sol historique, de se rappeler, de revivre les principaux épisodes du grand drame qu'il connaissait comme sa propre histoire.

De tout temps, Guillaume Tell avait été son

type. Quand, à la pharmacie Bézuquet, on jouait aux préférences et que chacun écrivait sous pli cacheté le poète, l'arbre, l'odeur, le héros, la femme qu'il préférait, un de ces papiers portait invariablement ceci :

« L'arbre préféré? — le baobab.
« L'odeur? — de la poudre.

« L'écrivain? — Fenimore Cooper.
« Ce que j'aurais voulu être? — Guillaume Tell.... »

Et dans la pharmacie, il n'y avait qu'une voix pour s'écrier : « C'est Tartarin! »

Pensez s'il était heureux et si le cœur lui battait d'arriver devant la chapelle commémorative élevée par la reconnaissance de tout un peuple. Il lui semblait que Guillaume Tell, en personne, allait lui ouvrir la porte, encore trempé de l'eau du lac, son arbalète et ses flèches à la main.

« On n'entre pas.... Je travaille.... Ce n'est pas le jour.... » cria de l'intérieur une voix forte doublée par la sonorité des voûtes.

« Monsieur Astier-Réhu, de l'Académie Française !...

— Herr Doctor Professor Schwanthaler !...
— Tartarin de Tarascon !... »

Dans l'ogive au-dessus du portail, le peintre, grimpé sur un échafaudage, parut presque à mi-corps, en blouse de travail, la palette à la main.

« Mon *famulus* descend vous ouvrir, messieurs, dit-il avec une intonation respectueuse.

— J'en étais sûr, pardi ! pensa Tartarin.... Je n'avais qu'à me nommer. »

Toutefois il eut le bon goût de se ranger et,

modestement, n'entra qu'après tout le monde.

Le peintre, gaillard superbe, la tête rutilante et dorée d'un artiste de la Renaissance, reçut ses visiteurs sur l'escalier de bois qui menait à l'étage provisoire installé pour les peintures du haut de la chapelle. Les fresques, représentant les principaux épisodes de la vie de Guillaume Tell. étaient terminées, moins une, la scène de la pomme sur la place d'Altorf. Il y travaillait en ce moment, et son jeune *famoulous* — comme il disait — les cheveux à l'archange, les jambes et les pieds nus sous son sarrau moyen âge, lui posait l'enfant de Guillaume Tell.

Tous ces personnages archaïques, rouges, verts, jaunes, bleus, empilés plus hauts que nature dans d'étroites rues, sous des poternes du temps, et faits pour être vus à distance, impressionnaient les spectateurs un peu tristement, mais on était là pour admirer et l'on admira. D'ailleurs, personne n'y connaissait rien.

« Je trouve cela d'un grand caractère ! » dit le pontifiant Astier-Réhu, son sac de nuit à la main.

Et Schwanthaler, un pliant sous le bras, ne voulant pas être en reste, cita deux vers de Schiller, dont la moitié resta dans sa barbe de fleuve. Puis les dames s'exclamèrent et, pendant un moment, on n'entendit que des :

« Schön!... oh! schön....
— Yes.... lovely...
— Exquis, délicieux.... »

On se serait cru chez le pâtissier.

Brusquement une voix éclata, déchira d'une sonnerie de trompette le silence recueilli :

« Mal épaulé, je vous dis.... Cette arbalète n'est pas en place.... »

On se figure la stupeur du peintre en face de l'exorbitant alpiniste qui, le pic en main, le piolet sur l'épaule, risquant d'assommer quelqu'un à chacune de ses voltes nombreuses, lui démontrait par A + B que le mouvement de son Guillaume Tell n'était pas juste.

« Et je m'y connais, au *mouains*.... Je vous prie de le croire....

— Vous êtes?

— Comment! qui je suis?.. » fit le Tarasconnais tout à fait vexé. Ce n'était donc pas devant lui que la porte avait cédé; et redressant sa taille : « Allez demander mon nom aux panthères du Zaccar, aux lions de l'Atlas, ils vous répondront peut-être. »

Il y eut une reculade, un effarement général.

« Mais, enfin, demanda le peintre, en quoi mon mouvement n'est-il pas juste?

— Regardez-moi, té! »

Tombant en arrêt d'un double coup de talon

qui fit fumer les planches, Tartarin, épaulant son piolet en arbalète, se campa.

« Superbe! Il a raison.... Ne bougez plus.... »

Puis au famulus : « Vite, un carton, du fusain. »

Le fait est que le Tarasconnais était à peindre, trapu, le dos rond, la tête inclinée dans le passe-montagne en mentonnière de casque et son petit œil flamboyant qui visait le famulus épouvanté.

Imagination, ô magie! Il se croyait sur la place d'Altorf, en face de son enfant, lui qui n'en avait jamais eu; une flèche dans le goulot de son arbalète, une autre à sa ceinture pour percer le cœur du tyran. Et sa conviction devenait si forte qu'elle se communiquait autour de lui.

« C'est Guillaume Tell!... » disait le peintre, accroupi sur un escabeau, poussant son croquis d'une main fiévreuse : « Ah! monsieur, que ne vous ai-je connu plus tôt! vous m'auriez servi de modèle....

— Vraiment! vous trouvez quelque ressemblance?.. » fit Tartarin flatté, sans déranger la pose.

Oui, c'est bien ainsi que l'artiste se représentait son héros.

« La tête aussi?

— Oh! la tête, peu importe.... » Le peintre

s'écartait, regardait son croquis : « Un masque viril, énergique, c'est tout ce qu'il faut, puisqu'on ne sait rien de Guillaume Tell et que probablement il n'a jamais existé. »

De stupeur, Tartarin laissa tomber son arbalète ·

« Outre[1]!... Jamais existé!... Que me dites-vous là?

— Demandez à ces messieurs.... »

Astier-Réhu solennel, ses trois mentons sur sa cravate blanche : « C'est une légende danoise.

— Isländische...? » affirma Schwanthaler non moins majestueux.

— Saxo Grammaticus raconte qu'un vaillant archer appelé Tobe ou Palnatoke....

— Es ist in der Vilkinasaga geschrieben....

Ensemble :

fut condamné par le roi de Danemark, Harold aux dents bleues.... »

dass der Isländische König Needing.... »

L'œil fixe, le bras tendu, sans se regarder ni se comprendre, ils parlaient à la fois, comme en chaire, de ce ton doctoral, despotique, du professeur sûr de n'être jamais contesté. Ils s'échauffaient, criant des noms, des dates : Justinger de Berne! Jean de Winterthur!...

Et peu à peu, la discussion devint générale, agitée, furieuse, parmi les visiteurs. On brandis-

---

1. « Outre » et « boufre » sont des jurons tarasconnais d'étymologie mystérieuse. Les dames elles-mêmes s'en servent parfois, mais en y ajoutant une atténuation : « Outre!... que vous me feriez dire. »

sait des pliants, des parapluies, des valises, et le malheureux artiste allait de l'un à l'autre prêchant la concorde, tremblant pour la solidité de son échafaudage. Quand la tempête fut apaisée, il voulut reprendre son croquis et chercher le mystérieux alpiniste, celui dont les panthères du Zaccar et les lions de l'Atlas seuls auraient pu dire le nom ; l'Alpiniste avait disparu.

Il grimpait maintenant à grands pas furieux un petit chemin à travers des bouleaux et des hêtres vers l'hôtel de la Tellsplatte où le courrier des Péruviens devait passer la nuit, et, sous le coup de sa déception, parlait tout haut, enfonçait rageusement son alpenstock dans la sente détrempée.

Jamais existé, Guillaume Tell! Guillaume Tell, une légende! Et c'est le peintre chargé de décorer la Tellsplatte qui lui disait cela tranquillement. Il lui en voulait comme d'un sacrilège, il en voulait aux savants, à ce siècle nieur, démolisseur, impie, qui ne respecte rien, ni gloire ni grandeur, coquin de sort!

Ainsi, dans deux cents, trois cents ans, lorsqu'on parlerait de Tartarin il se trouverait des

Astier-Réhu, des Schwanthaler pour soutenir que Tartarin n'avait jamais existé ; une légende provençale ou barbaresque ! Il s'arrêta suffoqué par l'indignation et la raide montée, s'assit sur un banc rustique.

On voyait de là le lac entre les branches, les murs blancs de la chapelle comme un mausolée neuf. Un mugissement de vapeur, avec le clapotis de l'abordage, annonçait encore l'arrivée de nouveaux visiteurs. Ils se groupaient au bord de l'eau, le guide en main, s'avançaient avec des gestes recueillis, des bras tendus qui racontaient la légende. Et tout à coup, par un brusque revirement d'idées, le comique de la chose lui apparut.

Il se représentait toute la Suisse historique vivant sur ce héros imaginaire, élevant des statues, des chapelles en son honneur sur les placettes des petites villes et dans les musées des grandes, organisant des fêtes patriotiques où l'on accourait, bannières en tête, de tous les cantons ; et des banquets, des toasts, des discours, des hurrahs, des chants, les larmes gonflant les poitrines, tout cela pour le grand patriote que tous savaient n'avoir jamais existé.

Vous parlez de Tarascon ; en voilà une tarasconnade, et comme jamais, là-bas, il ne s'en est inventé de pareille !

Remis en belle humeur, Tartarin gagna en quelques solides enjambées la grand'route de Fluelen au bord de laquelle l'hôtel de la Tellsplatte étale sa longue façade à volets verts. En attendant la cloche du dîner, les pensionnaires marchaient de long en large devant une cascade

en rocaille, sur la route ravinée où s'alignaient des berlines, brancards à terre, parmi les flaques d'eau mirées d'un couchant couleur de cuivre.

Tartarin s'informa de son homme. On lui apprit qu'il était à table : « Menez-moi vers lui, zou ! » et ce fut dit d'une telle autorité que, malgré la respectueuse répugnance qu'on témoignait pour déranger un si important personnage, une servante mena l'Alpiniste par tout l'hôtel, où son passage souleva quelque stupeur, vers le précieux courrier, mangeant à part, dans une petite salle sur la cour.

« Monsieur, dit Tartarin en entrant, son piolet sur l'épaule, excusez-moi si.... »

Il s'arrêta stupéfait, pendant que le courrier, long, sec, la serviette au menton dans le nuage odorant d'une assiettée de soupe chaude, lâchait sa cuillère.

« Vé! Monsieur Tartarin....

— Té! Bompard. »

C'était Bompard, l'ancien gérant du Cercle, bon garçon, mais affligé d'une imagination fabuleuse qui l'empêchait de dire un mot de vrai et l'avait fait surnommer, à Tarascon, l'Imposteur. Qualifié d'imposteur, à Tarascon, jugez ce que cela doit être! Et voilà le guide incomparable, le grimpeur des Alpes, de l'Himalaya, des monts de la Lune!

« Oh! alors, je comprends.... » fit Tartarin un peu déçu, mais joyeux quand même de retrouver une figure du pays et le cher, le délicieux accent du Cours.

« Différemment, monsieur Tartarin, vous dînez avec moi, qué? »

Tartarin s'empressa d'accepter, savourant le plaisir de s'asseoir à une petite table intime.

deux couverts face à face, sans le moindre compotier litigieux, de pouvoir trinquer, parler en mangeant, et en mangeant d'excellentes choses, soignées et naturelles, car MM. les courriers sont admirablement traités par les aubergistes, servis à part, des meilleurs vins et des mets d'extra.

Et il y en eut des « au moins, pas moins, différemment! »

« Alors, mon bon, c'est vous que j'entendais cette nuit, là-haut, sur la plate-forme?...

— Eh! parfaite*main*.... Je faisais admirer à ces demoiselles.... C'est beau, pas vrai, ce soleil levant sur les Alpes?

— Superbe! » fit Tartarin, d'abord sans conviction, pour ne pas le contrarier, mais emballé au bout d'une minute; et c'était étourdissant d'entendre les deux Tarasconnais célébrer avec enthousiasme les splendeurs qu'on découvre du Rigi. On aurait dit Joanne alternant avec Baedeker.

Puis, à mesure que le repas avançait, la conversation devenait plus intime, pleine de confidences, d'effusions, de protestations qui mettaient de bonnes larmes dans leurs yeux de Provence, brillants et vifs, gardant toujours en leur facile émotion une pointe de farce et de raillerie. C'est par là seulement que les deux amis se ressemblaient; l'un, aussi sec, mariné, tanné, couturé de ces fronces spéciales aux grimes de profession, que l'autre était petit, râblé, de teint lisse et de sang reposé.

Il en avait tant vu, ce pauvre Bompard, depuis son départ du Cercle ; cette imagination insatiable qui l'empêchait de tenir en place l'avait roulé sous tant de soleils, de fortunes diverses! Et il racontait ses aventures, dénombrait toutes les belles occasions de s'enrichir qui lui avaient craqué, là, dans la main, comme sa dernière invention d'économiser au budget de la guerre la dépense des godillots.... « Savez-vous comment?... Oh! mon Dieu, c'est bien simple... en faisant ferrer les pieds des militaires.

— *Outre!...* » dit Tartarin épouvanté.

Bompard continuait, toujours très calme, avec cet air fou à froid qu'il avait :

« Une grande idée, n'est-ce pas? Eh! bé, au ministère, ils ne m'ont seulement pas répondu... Ah! mon pauvre monsieur Tartarin, j'en ai eu de mauvais moments, j'en ai mangé du pain de misère, avant d'être entré au service de la Compagnie...

— La Compagnie? »

Bompard baissa la voix discrètement :

« Chut! tout à l'heure, pas ici.... » Puis reprenant son intonation naturelle : « et autrement, vous autres, à Tarascon, qu'est-ce qu'on fait? Vous ne m'avez toujours pas dit ce qui vous amène dans nos montagnes.... »

Ce fut à Tartarin de s'épancher. Sans colère, mais avec cette mélancolie de déclin, cet ennui dont sont atteints en vieillissant les grands artistes, les femmes très belles, tous les conquérants de peuples et de cœurs, il dit la défection de ses compatriotes, le complot tramé pour lui enlever la présidence, et le parti qu'il avait pris  de faire acte d'héroïsme, une grande ascension, la bannière tarasconnaise plus haut qu'on ne l'avait jamais plantée, de prouver enfin aux alpinistes de Tarascon qu'il était toujours digne...

toujours digne... l'émotion l'étreignait, il dut se taire, puis :

« Vous me connaissez, Gonzague... » Et rien ne saurait rendre ce qu'il mettait d'effusion, de caresse rapprochante, dans ce prénom troubadouresque de Bompard. C'était comme une façon de serrer ses mains, de se le mettre plus près du cœur.... « Vous me connaissez, qué! Vous savez si j'ai boudé quand il s'est agi de marcher au lion; et, pendant la guerre, quand nous avons organisé ensemble la défense du Cercle.... »

Bompard hocha la tête avec une mimique terrible ; il croyait y être encore.

« Eh bien! mon bon, ce que les lions, ce que les canons Krupp n'avaient pu faire, les Alpes y sont arrivées.... J'ai peur.

— Ne dites pas cela, Tartarin!

— Pourquoi? fit le héros avec une grande douceur.... Je le dis, parce que cela est.... »

Et tranquillement, sans pose, il avoua l'impression que lui avait faite le dessin de Doré, cette catastrophe du Cervin restée dans ses yeux. Il craignait des périls pareils; et c'est ainsi qu'entendant parler d'un guide extraordinaire, capable de les lui éviter, il était venu se confier à lui.

Du ton le plus naturel, il ajouta :

« Vous n'avez jamais été guide, n'est-ce pas, Gonzague?

— Hé! si, répondit Bompard en souriant..... Seulement je n'ai pas fait tout ce que j'ai raconté....

— Bien entendu! » approuva Tartarin.

Et l'autre entre ses dents :

« Sortons un moment sur la route, nous serons plus libres pour causer. »

La nuit venait, un souffle tiède, humide, roulait des flocons noirs sur le ciel où le couchant avait laissé de vagues poussières grises. Ils allaient à mi-côte, dans la direction de Fluelen, croisant des ombres muettes de touristes affamés qui rentraient à l'hôtel, ombres eux-mêmes, sans parler, jusqu'au long tunnel qui coupe la route, ouvert de baies en terrasse du côté du lac.

« Arrêtons-nous ici.... » entonna la voix creuse de Bompard, qui résonna sous la voûte comme un coup de canon. Et assis sur le parapet, ils contemplèrent l'admirable vue du lac, des dégringolades de sapins et de hêtres, noirs, serrés, en premier plan; derrière, des montagnes plus hautes, aux sommets en vagues, puis d'autres encore, d'une confusion bleuâtre comme des nuées; au milieu la traînée blanche, à peine visible, d'un glacier figé dans les creux, qui tout à coup s'illuminait de feux irisés, jaunes, rouges, verts. On éclairait la montagne de flammes de bengale.

De Fluelen, des fusées montaient, s'égrenaient en étoiles multicolores, et des lanternes vénitiennes allaient, venaient sur le lac dont les bateaux restaient invisibles, promenant de la musique et des gens en fête.

Un vrai décor de féerie dans l'encadrement des murs de granit, réguliers et froids, du tunnel.

« Quel drôle de pays, pas moins, que cette Suisse... » s'écria Tartarin.

Bompard se mit à rire.

« Ah! *vaï*, la Suisse... D'abord, il n'y en a pas de Suisse ! »

......Et son petit œil flamboyant qui visait le famulus épouvanté.....

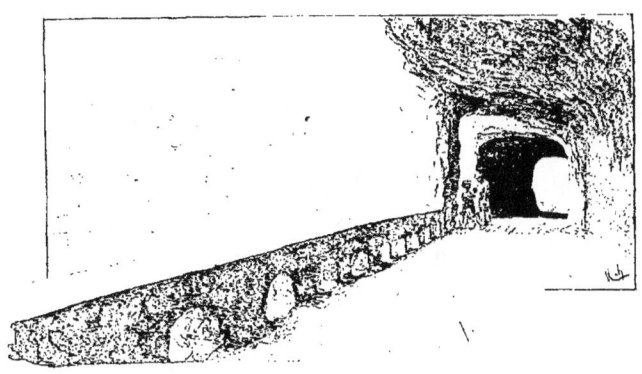

V

Confidences sous un tunnel.

« La Suisse, à l'heure qu'il est, *vé!* monsieur Tartarin, n'est plus qu'un vaste Kursaal, ouvert de juin en septembre, un casino panoramique, où l'on vient se distraire des quatre parties du monde et qu'exploite une Compagnie richissime à centaines de millions de milliasses, qui a son siège à Genève et à Londres. Il en fallait de l'argent, figurez-vous bien, pour affermer, peigner et pomponner tout ce territoire, lacs, forêts, montagnes et cascades, entretenir un peuple d'employés, de comparses, et sur les plus hautes cimes installer des hôtels mirobolants, avec gaz, télégraphes, téléphones!....

— C'est pourtant vrai, » songe tout haut Tartarin qui se rappelle le Rigi.

— Si c'est vrai!... Mais vous n'avez rien vu.... Avancez un peu dans le pays, vous ne trouverez pas un coin qui ne soit truqué, machiné comme les dessous de l'Opéra; des cascades éclairées à giorno, des tourniquets à l'entrée des glaciers, et, pour les ascensions, des tas de chemins de fer hydrauliques ou funiculaires. Toutefois, la Compagnie, songeant à sa clientèle d'Anglais et d'Américains grimpeurs, garde à quelques Alpes fameuses, la Jungfrau, le Moine, le Finsteraarhorn, leur apparence dangereuse et farouche, bien qu'en réalité, il n'y ait pas plus de risques là qu'ailleurs.

— Pas moins, les crevasses, mon bon, ces horribles crevasses.... Si vous tombez dedans?

— Vous tombez sur la neige, monsieur Tartarin, et vous ne vous faites pas de mal; il y a toujours en bas, au fond, un portier, un chasseur, quelqu'un qui vous relève, vous brosse, vous secoue et gracieusement s'informe : « Monsieur n'a pas de bagages?... »

— Qu'est-ce que vous me chantez là, Gonzague ? »

Et Bompard redoublant de gravité :

« L'entretien de ces crevasses est une des plus grosses dépenses de la Compagnie. »

Un moment de silence sous le tunnel dont les environs sont accalmis. Plus de feux variés, de poudre en l'air, de barques sur l'eau ; mais la lune s'est levée et fait un autre paysage de convention, bleuâtre, fluidique, avec des pans d'une ombre impénétrable....

Tartarin hésite à croire son compagnon sur parole. Pourtant il réfléchit à tout ce qu'il a vu déjà d'extraordinaire en quatre jours, le soleil du Rigi, la farce de Guillaume Tell ; et les inventions de Bompard lui paraissent d'autant plus vraisemblables que dans tout Tarasconnais le hâbleur se double d'un gobeur.

« Différemment, mon bon ami, comment expliquez-vous ces catastrophes épouvantables... celle du Cervin, par exemple !...

— Il y a seize ans de cela, la Compagnie n'était pas constituée, monsieur Tartarin.

— Mais, l'année dernière encore, l'accident du Wetterhorn, ces deux guides ensevelis avec leurs voyageurs !...

— Il faut bien, té, pardi !... pour amorcer les

alpinistes... Une montagne où l'on ne s'est pas un peu cassé la tête, les Anglais n'y viennent plus.... Le Wetterhorn périclitait depuis quelque

temps ; avec ce petit fait-divers, les recettes ont remonté tout de suite.

— Alors, les deux guides?...

— Se portent aussi bien que les voyageurs; on les a seulement fait disparaître, entretenus à l'étranger pendant six mois.... Une réclame qui coûte cher, mais la Compagnie est assez riche pour s'offrir cela.

— Écoutez, Gonzague.... »

Tartarin s'est levé, une main sur l'épaule de l'ancien gérant :

« Vous ne voudriez pas qu'il m'arrivât malheur, *qué?*... Eh bien ! parlez-moi franchement... vous connaissez mes moyens comme alpiniste, ils sont médiocres.

— Très médiocres, c'est vrai !

— Pensez-vous cependant que je puis, sans trop de danger, tenter l'ascension de la Jungfrau?

— J'en répondrais, ma tête dans le feu, monsieur Tartarin.... Vous n'avez qu'à vous fier au guide, *vé !*

— Et si j'ai le vertige?

— Fermez les yeux.

— Si je glisse?

— Laissez-vous faire.... C'est comme au théâtre.... Il y a des praticables.... On ne risque rien...

— Ah ! si je vous avais là pour me le dire, pour me le répéter…. Allons, mon brave, un bon mouvement, venez avec moi…. »

Bompard ne demanderait pas mieux, pécaïré ! mais il a ses Péruviens sur les bras jusqu'à la fin de la saison ; et comme son ami s'étonne de lui voir accepter ces fonctions de courrier, de subalterne :

« Que voulez-vous, monsieur Tartarin ?… C'est dans notre engagement…. La Compagnie a le droit de nous employer comme bon lui semble. »

Le voilà comptant sur ses doigts tous ses avatars divers depuis trois ans… guide dans l'Oberland, joueur de cor des Alpes, vieux chasseur de chamois, ancien soldat de la garde de Charles X, pasteur protestant sur les hauteurs….

« Quès aco ? » demande Tartarin surpris.

Et l'autre de son air tranquille :

« Bé ! oui. Quand vous voyagez dans la Suisse allemande, des fois vous apercevez à des hauteurs vertigineuses un pasteur prêchant en plein air, debout sur une roche ou dans une chaire rustique en tronc d'arbre. Quelques bergers, fromagers, à la main leurs bonnets de cuir, des femmes coiffées et costumées selon le canton, se groupent autour avec des poses pittoresques ; et le paysage est joli, des pâturages verts ou frais moissonnés, des cascades jusqu'à la route et des troupeaux aux lourdes cloches sonnant à tous les degrés de la montagne. Tout ça, *vé!* c'est du décor, de la figuration. Seulement, il n'y a que les employés de la Compagnie, guides, pasteurs, courriers, hôteliers qui soient dans le secret, et leur intérêt est de ne pas l'ébruiter de peur d'effaroucher la clientèle. »

L'Alpiniste reste abasourdi, muet, le comble chez lui de la stupéfaction. Au fond, quelque doute qu'il ait de la véracité de Bompard, il se sent rassuré, plus calme sur les ascensions alpestres, et bientôt l'entretien se fait joyeux. Les deux amis parlent de Tarascon, de leurs bonnes parties de rire d'autrefois, quand on était plus jeune.

« A propos de *galéjade* [1], dit subitement Tartarin, ils m'en ont fait une bien bonne au Rigi-Kulm.... Figurez-vous que ce matin... » et il raconte la lettre piquée à sa glace, la récite avec emphase : « *Français du diable....* C'est une mystification, qué?...

— On ne sait pas.... Peut-être... » dit Bompard qui semble prendre la chose plus sérieuse-

---

1. *Galéjade*, plaisanterie, farce.

ment que lui. Il s'informe si Tartarin, pendant son séjour au Rigi, n'a eu d'histoire avec personne, n'a pas dit un mot de trop.

« Ah! *vaï*, un mot de trop! Est-ce qu'on ouvre seulement la bouche avec tous ces Anglais, Allemands, muets comme des carpes sous prétexte de bonne tenue! »

A la réflexion, pourtant, il se souvient d'avoir rivé son clou, et vertement, à une espèce de Cosaque, un certain Mi.... Milanof.

— Manilof, corrige Bompard.

— Vous le connaissez?... De vous à moi, je crois que ce Manilof m'en voulait à cause d'une petite Russe....

— Oui, Sonia.... murmure Bompard soucieux...

— Vous la connaissez aussi? Ah! mon ami, la perle fine, le joli petit perdreau gris!

— Sonia de Wassilief.... C'est elle qui a tué d'un coup de révolver, en pleine rue, le général Felianine, le président du Conseil de guerre qui avait condamné son frère à la déportation perpétuelle. »

Sonia assassin ! cette enfant, cette blondinette… Tartarin ne veut y croire. Mais Bompard précise, donne des détails sur l'aventure, du reste bien connue. Depuis deux ans Sonia habite Zurich, où son frère Boris, échappé de Sibérie, est venu la rejoindre, la poitrine perdue ; et, tout l'été, elle le promène au bon air dans la montagne. Le courrier les a souvent rencontrés, escortés d'amis qui sont tous des exilés, des conspirateurs. Les Wassilief, très intelligents,

très énergiques, ayant encore quelque fortune, sont à la tête du parti nihiliste avec Bolibine, l'assassin du préfet de police, et ce Manilof qui, l'an dernier, a fait sauter le palais d'hiver.

« *Boufre!* dit Tartarin, on a de drôles de voisins au Rigi. »

Mais en voilà bien d'une autre. Bompard ne va-t-il pas s'imaginer que la fameuse lettre est venue de ces jeunes gens; il reconnaît là les procédés nihilistes. Le czar, tous les matins, trouve de ces avertissements, dans son cabinet, sous sa serviette....

« Mais enfin, dit Tartarin en pâlissant, pourquoi ces menaces? Qu'est-ce que je leur ai fait? »

Bompard pense qu'on l'a pris pour un espion.

« Un espion, moi !

— *Bé* oui! » Dans tous les centres nihilistes, à Zurich, à Lausanne, à Genève, la Russie entretient à grands frais une nombreuse surveillance; depuis quelque temps même, elle a engagé l'ancien chef de la police impériale française avec une dizaine de Corses qui suivent et observent tous les exilés russes, se servent de mille déguisements pour les surprendre. La tenue de l'Alpiniste, ses lunettes, son accent, il n'en fallait pas plus pour le confondre avec un de ces agents.

« Coquin de sort! vous m'y faites penser, dit

Tartarin... ils avaient tout le temps sur leurs talons un sacré ténor italien.... Ce doit être un mouchard bien sûr.... Différemment, qu'est-ce qu'il faut que je fasse?

— Avant tout, ne plus vous trouver sur le chemin de ces gens-là, puisqu'on vous prévient qu'il vous arriverait malheur.

— Ah! *vaï*, malheur.... Le premier qui m'approche, je lui fends la tête avec mon piolet. »

Et dans l'ombre du tunnel les yeux du Tarasconnais s'enflamment. Mais Bompard, moins rassuré que lui, sait que la haine de ces nihilistes est terrible, s'attaque en dessous, creuse et trame. On a beau être un lapin comme le président, allez donc vous méfier du lit d'auberge où l'on couche, de la chaise où l'on s'assied, de la rampe de paquebot qui cédera tout à coup pour une chute mortelle. Et les cuisines préparées, le verre enduit d'un poison invisible.

« Prenez garde au kirsch de votre gourde, au lait mousseux que vous apporte le vacher en sabots. Ils ne reculent devant rien, je vous dis.

— Alors, quoi? Je suis fichu! » gronde Tartarin; puis, saisissant la main de son compagnon :

« Conseillez-moi, Gonzague. »

Après une minute de réflexion, Bompard lui trace son programme. Partir le lendemain de bonne heure, traverser le lac, le col du Brünig, coucher le soir à Interlaken. Le jour suivant Grindelwald et la petite Scheideck. Le surlendemain, la Jungfrau! Puis, en route pour Tarascon, sans perdre une heure, sans se retourner.

« Je partirai demain, Gonzague... » fait le héros d'une voix mâle avec un regard d'effroi au mystérieux horizon que recouvre la pleine nuit, au lac qui semble recéler pour lui toutes les trahisons dans son calme glacé de pâles reflets....

Le temps d'armer une vieille carabine à double canon.....

VI

Le col du Brünig. — Tartarin tombe aux mains des nihilistes. — Disparition d'un ténor italien et d'une corde fabriquée en Avignon. — Nouveaux exploits du chasseur de casquettes. — Pan! pan!

« Mondez... mondez tonc!

— Mais où, qué diable, faut-il que je monte? tout est plein.... Ils ne veulent de moi nulle part.... »

C'était à la pointe extrême du lac des Quatre-Cantons, sur ce rivage d'Alpnach, humide, infiltré comme un delta, où les voitures de la poste s'organisent en convoi et prennent les voyageurs à la descente du bateau pour leur faire traverser le Brünig.

Une pluie fine, en pointes d'aiguilles, tombait depuis le matin; et le bon Tartarin, empêtré de son fourniment, bousculé par les postiers, les douaniers, courait de voiture en voiture, sonore et encombrant comme cet homme-orchestre de nos fêtes foraines, dont chaque mouvement met en branle un triangle, une grosse-caisse, un chapeau chinois, des cymbales. A toutes les portières l'accueillait le même cri d'effroi, le même « complet! » rébarbatif grogné dans tous les dialectes, le même hérissement en boule pour tenir le plus de place possible et empêcher de monter un si dangereux et retentissant compagnon.

Le malheureux suait, haletait, répondait par des « coquin de bon sort! » et des gestes désespérés à la clameur impatiente du convoi : « En route! — All Right! — Andiamo. — Vorwärtz! » Les chevaux piaffaient, les conducteurs juraient. A la fin le directeur de la poste, un grand rouge en tunique et casquette plate, s'en mêla lui-même, et, ouvrant de force la portière d'un landau à demi couvert, poussa Tartarin, le hissa comme un paquet, puis resta debout et majestueux devant le garde-crotte, la main tendue pour son *trinkgeld*, car, dans ce pays-là, les directeurs ne sont pas fiers.

Humilié, furieux contre les gens de la voiture qui l'acceptaient *manu militari*, Tartarin affectait de ne pas les regarder, enfonçait son porte-monnaie dans sa poche, calait son piolet à côté de lui avec des mouvements de mauvaise humeur, un parti pris grossier, à croire qu'il descendait du packet de Douvres à Calais.

« Bonjour, monsieur... » dit une voix douce déjà entendue.

Il leva les yeux, resta saisi, terrifié devant la jolie figure ronde et rose de Sonia, assise en face de lui, sous l'auvent du landau où s'abritait aussi un grand garçon enveloppé de châles, de couvertures, et dont on ne voyait que le front d'une pâleur livide parmi quelques boucles de cheveux menus et dorés comme les tiges de ses lunettes de myope; le frère, sans doute. Un troisième personnage que Tartarin connaissait trop, celui-là, les accompagnait, Manilof, l'incendiaire du palais impérial.

Sonia, Manilof, quelle souricière!

C'est maintenant qu'ils allaient accomplir leur menace, dans ce col du Brünig si escarpé, entouré d'abimes. Et le héros, par une de ces épouvantes en éclair qui montrent le danger à fond, se vit étendu sur la pierraille d'un ravin, balancé au plus haut d'un chêne. Fuir? où, comment? Voici que les voitures s'ébranlaient, détalaient à la file au son de la trompe, une nuée de gamins présentant aux portières des petits bouquets d'édelweiss. Tartarin affolé eut envie de ne pas attendre, de commencer l'attaque en crevant d'un coup d'alpenstock le cosaque assis à son côté; puis, à la

réflexion, il trouva plus prudent de s'abstenir. Evidemment ces gens ne tenteraient leur coup que plus loin, en des parages inhabités; et peut-être aurait-il le temps de descendre. D'ailleurs, leurs intentions ne lui semblaient plus aussi malveillantes. Sonia lui souriait doucement de ses jolis yeux de turquoise, le grand jeune homme pâle le regardait, intéressé, et Manilof, sensiblement radouci, s'écartait obligeamment, lui faisait poser son sac entre eux deux. Avaient-ils reconnu leur méprise en lisant sur le registre du Rigi-Kulm l'illustre nom de Tartarin?... Il voulut s'en assurer et, familier, bonhomme, commença :

« Enchanté de la rencontre, belle jeunesse... seulement, permettez-moi de me présenter... vous

ignorez à qui vous avez affaire, *vé*, tandis que je sais parfaitement qui vous êtes.

— Chut! » fit, du bout de son gant de Suède, la petite Sonia toujours souriante, et elle lui montrait sur le siège de la voiture, à côté du conducteur, le ténor aux manchettes et l'autre jeune Russe, abrités sous le même parapluie, riant, causant tous deux en italien.

Entre le policier et les nihilistes, Tartarin n'hésitait pas :

« Connaissez-vous cet homme, au *mouains?* » dit-il tout bas, rapprochant sa tête du frais visage de Sonia et se mirant dans ses yeux clairs, tout à coup farouches et durs tandis qu'elle répondait « oui » d'un battement de cils.

Le héros frissonna, mais comme au théâtre; cette délicieuse inquiétude d'épiderme qui vous saisit quand l'action se corse et qu'on se carre dans son fauteuil pour mieux entendre ou regarder. Personnellement hors d'affaire, délivré des horribles transes qui l'avaient hanté toute la nuit, empêché de savourer son café suisse, miel et beurre, et, sur le bateau, tenu loin du bastingage, il respirait à larges poumons, trouvait la vie bonne et cette petite Russe irrésistiblement plaisante avec sa toque de voyage, son jersey montant au cou, serrant les bras, moulant sa taille encore mince, mais d'une élégance parfaite. Et si enfant! Enfant par la candeur de son rire, le duvet de ses joues et la grâce gentille dont elle étalait le châle sur les genoux de son frère : « Es-tu bien?... Tu n'as pas froid? » Comment croire que cette petite main, si fine sous le gant chamois, avait eu la force morale et le courage physique de tuer un homme!

Les autres, non plus, ne semblaient plus féroces ; tous, le même rire ingénu, un peu contraint et douloureux sur les lèvres tirées dû malade, plus bruyant chez Manilof qui, tout jeune sous sa barbe en broussaille, avait des explosions d'écolier en vacances, des bouffées de gaieté exubérante.

Le troisième compagnon, celui qu'on appelait Bolibine et qui causait sur le siège avec l'Italien, s'amusait aussi beaucoup, se retournait souvent pour traduire à ses amis des récits que lui faisait le faux chanteur, ses succès à l'Opéra de Pétersbourg, ses bonnes fortunes, les boutons de manchettes que les dames abonnées lui avaient offerts à son départ, des boutons extraordinaires, gravés de trois notes, *la do ré*, l'adoré ; et ce calembourg redit dans le landau y causait une telle joie, le ténor lui-même se rengorgeait, frisait si bien sa moustache d'un air bête et vainqueur en regardant Sonia, que Tartarin commençait à se demander s'il n'avait pas affaire à de simples touristes, à un vrai ténor.

Mais les voitures, toujours à fond de train, roulaient sur des ponts, longeaient de petits lacs, des champs fleuris, de beaux vergers ruisselants et déserts, car c'était dimanche et les paysans rencontrés avaient tous leurs costumes de fête, les femmes de longues nattes et des chaînes d'argent. On commençait à gravir la route en lacet parmi des forêts de chênes et de hêtres; peu à peu le merveilleux horizon se déroulait sur la gauche, à chaque détour en étage, des rivières, des vallées d'où montaient des clochers d'église, et, tout au fond, la cime givrée du Finsteraarhorn, blanchissant sous le soleil invisible.

Bientôt le chemin s'assombrit, d'aspect plus sauvage. D'un côté, des combes profondes, chaos d'arbres plantés en pente, tourmentés et tordus, où grondait l'écume d'un torrent; à droite, une roche immense, surplombante, hérissée de branches jaillies de ses fentes.

On ne riait plus dans le landau; tous admiraient, la tête levée, essayaient d'apercevoir le sommet de ce tunnel de granit.

« Les forêts de l'Atlas!... Il semble qu'on y est.... » dit gravement Tartarin; et, sa remarque passant inaperçue, il ajouta : « Sans les rugissements du lion, toutefois....

— Vous les avez entendus, monsieur? » demanda Sonia.

Entendu le lion, lui!... lui!... Puis, avec un doux sourire indulgent : « Je suis Tartarin de Tarascon, mademoiselle.... »

Et voyez un peu ces barbares! Il aurait dit :

« Je m'appelle Dupont », c'eût été pour eux exactement la même chose. Ils ignoraient le nom de Tartarin.

Pourtant, il ne se vexa pas et répondit à la jeune fille qui voulait savoir si le cri du lion lui avait fait peur : « Non, mademoiselle.... Mon

chameau, lui, tremblait la fièvre entre mes jambes ; mais je visitais mes amorces, aussi tranquille que devant un troupeau de vaches.... A distance, c'est à peu près le même cri, comme ceci, *té!* »

Pour donner à Sonia une exacte impression de la chose, il poussait de son creux le plus sonore un « Meuh... » formidable, qui s'enfla, s'étala, répercuté par l'écho de la roche. Les chevaux se cabrèrent; dans toutes les voitures les voyageurs dressés, pleins d'épouvante, cherchaient l'accident, la cause d'un pareil vacarme, et reconnaissant l'alpiniste, dont la capote à demi rabattue du landau montrait la tête à casque et le débordant harnachement, se demandaient une fois encore : « Quel est donc cet animal-là ! »

Lui, très calme, continuait à donner des détails, la façon d'attaquer la bête, de l'abattre et de la dépecer, le guidon en diamant dont il ornait sa carabine pour tirer sûrement, la nuit. La jeune fille l'écoutait, penchée, avec un petit palpitement de narines très attentif.

« On dit que Bombonnel chasse encore, demanda le frère, l'avez-vous connu?

— Oui, dit Tartarin sans enthousiasme.... C'est un garçon pas maladroit.... Mais nous avons mieux que lui. »

A bon entendeur, salut ! puis, d'un ton de mélancolie : « Pas moins, ce sont de fortes émotions que ces chasses aux grands fauves. Quand on ne les a plus, l'existence semble vide, on ne sait de quoi la combler. »

Ici, Manilof, qui comprenait le français sans le parler et semblait écouter le Tarasconnais très curieusement, son front d'homme du peuple coupé d'une grande ride en cicatrice, dit quelques mots en riant à ses amis.

« Manilof prétend que nous sommes de la même confrérie, expliqua Sonia à Tartarin.... Nous chassons comme vous les grands fauves.

— Té! oui, pardi... les loups, les ours blancs....

— Oui, les loups, les ours blancs et d'autres bêtes nuisibles encore.... »

Et les rires de recommencer, bruyants, interminables, sur un ton aigu et féroce cette fois, des rires qui montraient les dents et rappelaient à Tartarin en quelle triste et singulière compagnie il voyageait.

Tout à coup, les voitures s'arrêtèrent. La route devenait plus raide et faisait à cet endroit un long circuit pour arriver en haut du Brünig que l'on pouvait atteindre par un raccourci de vingt minutes à pic dans une admirable forêt de hêtres. Malgré la pluie du matin, les terrains glissants et détrempés, les voyageurs, profitant d'une éclaircie, descendaient presque tous, s'engageaient à la file dans l'étroit chemin de « schlittage ».

Du landau de Tartarin, qui venait le dernier, les hommes mettaient pied à terre; mais Sonia, trouvant les chemins trop boueux, s'installait au contraire, et, comme l'Alpiniste descendait après les autres, un peu retardé par son attirail, elle lui dit à mi-voix : « Restez donc, tenez-moi compagnie... » et d'une  façon si câline! Le pauvre homme en resta bouleversé, se forgeant un roman aussi délicieux qu'invraisemblable qui fit battre son vieux cœur à grands coups.

Il fut vite détrompé en voyant la jeune fille se pencher anxieuse, guetter Bolibine et l'Italien causant vivement à l'entrée de la schlitte, derrière Manilof et Boris déjà en marche. Le faux ténor hésitait. Un instinct semblait l'avertir de ne pas s'aventurer seul en compagnie de ces trois hommes. Il se décida enfin, et Sonia le regardait monter, en caressant sa joue ronde avec un bouquet de cyclamens violâtres, ces violettes de montagnes dont la feuille est doublée de la fraîche couleur des fleurs.

Le landau allait au pas, le cocher descendu marchait en avant avec d'autres camarades, et le convoi échelonnait plus de quinze voitures rapprochées par la perpendiculaire, roulant à vide, silencieusement. Tartarin, très ému, pressentant quelque chose de sinistre, n'osait regarder sa voisine tant il craignait une parole, un regard qui aurait pu le faire acteur ou tout au moins complice dans le drame qu'il sentait tout proche. Mais Sonia ne faisait pas attention à lui, l'œil un peu fixe et ne cessant la caresse machinale des fleurs sur le duvet de sa peau.

« Ainsi, dit-elle après un long temps, ainsi vous savez qui nous sommes, moi et mes amis…. Eh bien! que pensez-vous de nous? Qu'en pensent les Français? »

Le héros pâlit, rougit. Il ne tenait pas à indisposer par quelques mots imprudents des gens aussi vindicatifs; d'autre part, comment pactiser avec des assassins? Il s'en tira par une métaphore:

« Différemment, mademoiselle, vous me disiez tout à l'heure que nous étions de la même confrérie, chasseurs d'hydres et de monstres, de despotes et de carnassiers.... C'est donc en confrère de Saint-Hubert que je vais répondre.... Mon sentiment est que, même contre les fauves, on doit se servir d'armes loyales.... Notre Jules Gérard, fameux tueur de lions, employait des balles explosibles.... Moi, je n'admets pas ça et ne l'ai jamais fait.... Quand j'allais au lion ou à la panthère, je me plantais devant la bête, face à face, avec une bonne carabine à deux canons, et pan ! pan ! une balle dans chaque œil.

— Dans chaque œil !... fit Sonia.

— Jamais je n'ai manqué mon coup. »

Il affirmait, s'y croyait encore.

La jeune fille le regardait avec une admiration naïve, songeant tout haut :

« C'est bien ce qu'il y aurait de plus sûr. »

Un brusque déchirement de branches, de broussailles, et le fourré s'écarta au-dessus d'eux, si vivement, si félinement, que Tartarin, la tête pleine d'aventures de chasse, aurait pu se croire à l'affût dans le Zaccar. Manilof sauta du talus, sans bruit, près de la voiture. Ses petits yeux bridés luisaient dans sa figure tout écorchée par les ronces, sa barbe et ses cheveux en oreille de chien ruisselaient de l'eau des branches. Haletant, ses grosses mains courtes et velues appuyées à la portière, il interpella en russe Sonia qui, se tournant vers Tartarin, lui demanda d'une voix brève :

« Votre corde... vite...

— Ma... ma corde?... bégaya le héros.

— Vite, vite... on vous la rendra tout à l'heure. »

Sans lui fournir d'autre explication, de ses petits doigts gantés elle l'aidait à se défubler de sa fameuse corde fabriquée en Avignon. Manilof prit le paquet en grognant de joie, regrimpa en deux bonds sous le fourré avec une élasticité de chat sauvage.

« Qu'est-ce qui se passe? Qu'est-ce qu'ils vont faire?... Il a l'air féroce... » murmura Tartarin n'osant dire toute sa pensée.

Féroce, Manilof! Ah! comme on voyait bien qu'il ne le connaissait pas. Nul être n'était meilleur, plus doux, plus compatissant; et comme trait de cette nature exceptionnelle, Sonia, le regard clair et bleu, racontait que son ami venant d'exécuter un dangereux mandat du Comité révolutionnaire et sautant dans le traineau qui l'attendait pour la fuite, menaçait le cocher de descendre, coûte que coûte, s'il continuait à frapper, à surmener sa bête dont la vitesse pourtant le sauvait.

Tartarin trouva le trait digne de l'antique ; puis, ayant réfléchi à toutes les vies humaines sacrifiées par ce même Manilof, aussi inconscient qu'un tremblement de terre ou qu'un volcan en fusion, mais qui ne voulait pas qu'on fit du mal à une bête devant lui, il interrogea la jeune fille d'un air ingénu :

« Est-il mort beaucoup de monde, dans l'explosion du palais d'hiver?

— Beaucoup trop, répondit tristement Sonia. Et le seul qui devait mourir a échappé. »

Elle resta silencieuse, comme fâchée, et si jolie, la tête basse avec ses grands cils dorés battant sa joue d'un rose pâle. Tartarin s'en voulait de lui avoir fait de la peine, repris par le charme de jeunesse, de fraîcheur épandu autour de l'étrange petite créature.

« Donc, monsieur, la guerre que nous faisons vous semble injuste, inhumaine? » Elle lui disait cela de tout près, dans la caresse de son haleine et de son regard ; et le héros se sentait faiblir....

« Vous ne croyez pas que toute arme soit bonne et légitime pour délivrer un peuple qui râle, qui suffoque?...

— Sans doute, sans doute.... »

La jeune fille, plus pressante à mesure que Tartarin faiblissait :

« Vous parliez de vide à combler tout à l'heure ; ne vous semble-t-il pas qu'il serait plus noble, plus intéressant de jouer sa vie pour une grande cause que de la risquer en tuant des lions, ou en escaladant des glaciers?

— Le fait est... » dit Tartarin grisé, la tête

perdue, tout angoissé par le désir fou, irrésistible, de prendre et de baiser cette petite main ardente, persuadante, qu'elle posait sur son bras comme là-haut, dans la nuit du Rigi-Kulm, quand il lui remettait son soulier. A la fin, n'y tenant plus, et saisissant cette petite main gantée entre les siennes :

« Écoutez, Sonia », dit-il d'une bonne grosse voix paternelle et familière....« Écoutez, Sonia....»

Un brusque arrêt du landau l'interrompit. On arrivait en haut du Brünig ; voyageurs et cochers rejoignaient leurs voitures pour rattraper le temps perdu et gagner, d'un coup de galop, le prochain village où l'on devait déjeuner et relayer. Les trois Russes reprirent leurs places, mais celle de l'Italien resta inoccupée.

« Ce monsieur est monté dans les premières voitures », dit Boris au cocher qui s'informait ; et s'adressant à Tartarin dont l'inquiétude était visible :

« Il faudra lui réclamer votre corde ; il a voulu la garder avec lui. »

Là-dessus, nouveaux rires dans le landau et reprise, pour le brave Tartarin, des plus atroces perplexités, ne sachant que penser, que croire devant la belle humeur et la mine ingénue des prétendus assassins. Tout en enveloppant son malade de manteaux, de plaids, car l'air de la hauteur s'avivait encore de la vitesse des voitures, Sonia racontait, en russe, sa conversation avec Tartarin, jetant des pan! pan! d'une gentille intonation que répétaient ses compagnons après elle, les uns admirant le héros, Manilof hochant la tête, incrédule.

Le relai!

C'est sur la place d'un grand village, une vieille auberge au balcon de bois vermoulu, à l'enseigne en potence de fer rouillé. La file des voitures s'arrête là, et, pendant qu'on dételle, les voyageurs affamés se précipitent, envahissent au premier étage une salle peinte en vert qui sent le moisi, où la table d'hôte est dressée pour vingt couverts tout au plus. On est soixante, et l'on entend pendant cinq minutes une bousculade effroyable, des cris, des altercations véhémentes entre Riz et Pruneaux autour des compotiers, au grand effarement de l'aubergiste qui perd la tête comme si, tous les jours à la même heure, la poste ne passait pas, et qui dépêche ses servantes, prises aussi d'un égarement chronique, excellent prétexte à ne servir que la moitié des plats inscrits sur la carte et à rendre une monnaie fantaisiste, où les sous blancs de Suisse comptent pour cinquante centimes.

« Si nous déjeunions dans la voiture?... » dit Sonia que ce remue-ménage ennuie ; et comme personne n'a le temps de s'occuper d'eux, les jeunes gens se chargent du service. Manilof revient brandissant un gigot froid, Bolibine un pain long et des saucisses ; mais le meilleur fourrier c'est encore Tartarin. Certes, l'occasion s'offrait belle pour lui de se séparer de ses compagnons dans le brouhaha du relai, de s'assurer tout au moins si l'Italien avait reparu, mais il n'y a pas songé, préoccupé uniquement du déjeuner de la « petite » et de montrer à Manilof et aux autres ce que peut un Tarasconnais débrouillard.

Quand il descend le perron de l'hôtel, grave et le regard fixe, soutenant de ses mains robustes

un grand plateau chargé d'assiettes, serviettes, victuailles assorties, champagne suisse au casque doré, Sonia bat des mains, le complimente :

« Mais comment avez-vous fait ?

— Je ne sais pas... on s'en tire, té !... Nous sommes tous comme ça à Tarascon. »

Oh ! les minutes heureuses. Il comptera dans la vie du héros, ce joli déjeuner en face de Sonia, presque sur ses genoux, dans un décor d'opérette : la place villageoise aux verts quinconces sous lesquels éclatent les dorures, les mousselines des Suissesses en costumes se promenant deux à deux comme des poupées.

Que le pain lui semble bon, et quelles savoureuses saucisses ! Le ciel lui-même s'est mis de la partie, clément, doux et voilé ; il pleut sans doute, mais si légèrement, des gouttes perdues, juste de quoi tremper le champagne suisse, dangereux pour les têtes méridionales.

Sous la véranda de l'hôtel, un quatuor tyrolien, deux géants  et deux naines aux haillons éclatants et lourds, qu'on dirait échappés à la faillite d'un théâtre de foire, mêlent leurs coups de gosier : « aou... aou... » au cliquetis des assiettes et des verres.

Ils sont laids, bêtes, immobiles, tendant les cordes de leurs cous maigres. Tartarin les trouve délicieuses, leur jette des poignées de sous, au grand ébahissement des villageois qui entourent le landau dételé.

« Fife le Vranze ! » chevrote une voix dans la foule d'où surgit un grand vieux, vêtu d'un extraordinaire habit bleu à boutons d'argent dont les basques balaient la terre, coiffé d'un shako gigantesque en forme de baquet à choucroute et si lourd avec son grand panache qu'il oblige le vieux à marcher en balançant les bras comme un équilibriste.

« Fieux soltat... carte royale... Charles tix. »

Le Tarasconnais, encore aux récits de Bompard, se met à rire, et tout bas en clignant de l'œil :

« Connu, mon vieux... » mais il lui donne quand même une pièce blanche et lui verse une rasade que le vieux accepte en riant et faisant de l'œil, lui aussi, sans savoir pourquoi. Puis dévissant d'un coin de sa bouche une énorme pipe en porcelaine, il lève son verre et boit « à la compagnie ! » ce qui affermit Tartarin dans son opinion qu'ils ont affaire à un collègue de Bompard.

N'importe ! un toast en vaut un autre.

Et, debout dans la voiture, la voix forte, le verre haut, Tartarin se fait venir les larmes aux yeux en buvant d'abord : « à la France, à sa patrie... » puis à la Suisse hospitalière, qu'il est heureux d'honorer publiquement, de remercier pour l'accueil généreux qu'elle fait à tous les vaincus, à tous les exilés. Enfin, baissant la voix, le verre incliné vers ses compagnons de route, il leur souhaite de rentrer bientôt dans leur pays, d'y retrouver de bons parents, des amis sûrs, des carrières honorables et la fin de toutes leurs dissensions; car on ne peut pas passer sa vie à se dévorer.

Pendant le toast, le frère de Sonia sourit, froid et railleur derrière ses lunettes blondes; Manilof, la nuque en avant, les sourcils gonflés creusant sa ride, se demande si le gros « barine » ne va pas cesser bientôt ses bavardages, pendant que Bolibine perché sur le siège et faisant grimacer sa mine falotte, jaune et fripée à la tartare, semble un vilain petit singe grimpé sur les épaules du Tarasconnais.

Seule, la jeune fille l'écoute, très sérieuse, essayant de comprendre cet étrange type d'homme. Pense-t-il tout ce qu'il dit? A-t-il fait tout ce qu'il raconte? Est-ce un fou, un comédien ou seulement un bavard, comme le prétend Manilof qui, en sa qualité d'homme d'action, donne à ce mot une signification méprisante?

L'épreuve se fera tout de suite. Son toast fini, Tartarin vient de se rasseoir, quand un coup de feu, un autre, encore un, partis non loin de l'auberge, le remettent debout tout ému, l'oreille dressée, reniflant la poudre.

« Qui a tiré?... où est-ce !... que se passe-t-il? »

Dans sa caboche inventive défile tout un drame, l'attaque du convoi à main armée, l'occasion de défendre l'honneur et la vie de cette charmante demoiselle. Mais non, ces détonations viennent simplement du *Stand*, où la jeunesse du village s'exerce au tir tous les dimanches. Et comme les chevaux ne sont pas encore attelés,

Tartarin propose négligemment d'aller faire un tour jusque là. Il a son idée, Sonia la sienne en acceptant. Guidés par le vieux de la garde royale ondulant sous son grand shako, ils traversent la place, ouvrent les rangs de la foule qui les suit curieusement.

Sous son toit de chaume et ses montants de sapins frais équarris, le stand ressemble, en plus rustique, à un de nos tirs forains; avec cette différence qu'ici les amateurs apportent leurs armes, des fusils à baguette d'ancien système et qu'ils manient assez adroitement. Muet, les bras croisés, Tartarin juge les coups, critique tout haut, donne des conseils, mais ne tire pas. Les Russes l'épient et se font signe.

« Pan... pan... » ricane Bolibine avec le geste de mettre en joue et l'accent de Tarascon. Tartarin se retourne, tout rouge et bouffant de colère :

« Parfaite*main*, jeune homme.... Pan... pan.... Et autant de fois que vous voudrez. »

Le temps d'armer une vieille carabine à double canon qui a dû servir à des générations de chasseurs de chamois... pan!... pan!... C'est fait. Les deux balles sont dans la mouche. Des hurrah d'admiration éclatent de toutes parts. Sonia triomphe, Bolibine ne rit plus.

« Mais ce n'est rien, cela, dit Tartarin... vous allez voir.... »

Le stand ne lui suffit plus, il cherche un but, quelque chose à abattre, et la foule recule épouvantée devant cet étrange alpiniste, trapu, farouche, la carabine au poing, proposant au vieux garde royal de lui casser sa pipe entre les dents, à cinquante pas. Le vieux pousse des cris épouvantables et s'égare dans la foule que domine son panache grelottant au-dessus des têtes serrées. Pas moins, il faut que Tartarin la loge quelque part, cette balle. « Té, pardi! comme à Tarascon.... » Et l'ancien chasseur de casquettes jetant son couvre-chef en l'air, de toutes les forces de ses doubles muscles, tire au vol et le traverse. « Bravo ! » dit Sonia en piquant dans la petite ouverture faite par la balle au drap de la casquette le bouquet de montagne qui tantôt caressait sa joue.

C'est avec ce joli trophée que Tartarin remonte en voiture. La trompe sonne, le convoi s'ébranle, les chevaux détalent à fond de train sur la descente de Brienz, merveilleuse route en corniche, ouverte à la mine au bord des roches, et que des boute-roues espacés de deux mètres séparent d'un abîme de plus de mille pieds ; mais Tartarin ne voit plus le danger, il ne regarde pas non plus le paysage, la vallée de Meiringen baignée d'une claire buée d'eau, avec sa rivière aux lignes droites, le lac, des villages qui se massent dans l'éloignement et tout un horizon de montagnes, de glaciers confondus parfois avec les nuées ou se déplaçant aux détours du chemin, s'écartant, se découvrant comme les pièces remuées d'un décor.

Amolli de pensées tendres, le héros admire cette jolie enfant en face de lui, songe que la gloire n'est qu'un demi-bonheur, que c'est triste de vieillir seul par trop de grandeur, comme Moïse, et que cette frileuse fleur du Nord, transplantée dans le petit jardin de Tarascon, en égaierait la monotonie, autrement bonne à voir et à respirer que l'éternel baobab, l'*arbos gigantea*, minusculement empoté. Avec ses yeux d'enfant, son large front pensif et volontaire, Sonia le regarde aussi et rêve; mais sait-on jamais à quoi rêvent les jeunes filles?

— C'est faux..... le président a écrit.....

VII

Les nuits de Tarascon. — Où est-il ? — Anxiété. — Les cigales du Cours redemandent Tartarin. — Martyre d'un grand saint Tarasconnais. — Le Club des Alpines. — Ce qui se passait à la pharmacie de la placette. — A moi, Bézuquet.

« Une lettre, monsieur Bézuquet !... Ça vient de Suisse, vé !... de Suisse ! » criait le facteur joyeusement de l'autre bout de la placette, agitant quelque chose en l'air et se hâtant dans le jour qui tombait.

Le pharmacien, qui prenait le frais en bras de chemise devant sa porte, bondit, saisit la lettre avec des mains folles, l'emporta dans son antre aux odeurs variées d'élixirs et d'herbes sèches, mais ne l'ouvrit que le facteur parti, lesté et rafraîchi d'un verre du délicieux sirop de cadavre, en récompense de la bonne nouvelle.

Quinze jours que Bézuquet l'attendait, cette lettre de Suisse, quinze jours qu'il la guettait avec angoisse! Maintenant, la voilà. Et rien qu'à regarder la petite écriture trapue et déterminée de l'enveloppe, le nom du bureau de poste : « Interlaken », et le large timbre violet de « l'hôtel Jungfrau, tenu par Meyer », des larmes gonflaient ses yeux, faisaient trembler ses lourdes moustaches de corsaire barbaresque où susurrait un petit sifflotis bon enfant.

« *Confidentiel. Déchirer après lecture.* »

Ces mots très gros en tête de la page et dans le style télégrammique de la pharmacopée « usage externe, agiter avant de s'en servir », le troublèrent au point qu'il lut tout haut, comme on parle dans les mauvais rêves :

« *Ce qui m'arrive est épouvantable....*»

Du salon à côté où elle faisait son petit somme d'après souper, Mme Bézuquet la mère pouvait l'entendre, ou bien l'élève dont le pilon sonnait à coups réguliers dans le grand mortier de marbre au fond du laboratoire. Bézuquet continua sa lecture à voix basse, la recommença deux ou trois fois, très pâle, les cheveux littéralement dressés. Ensuite un regard rapide autour de lui, et *cra cra*... voilà la lettre en mille miettes dans la corbeille à papiers ; mais on pourrait l'y retrouver, ressouder tous ces bouts ensemble, et, pendant qu'il se baisse pour les reprendre, une voix chevrotante appelle :

« Vé, Ferdinand, tu es là ?

— Oui, maman... » répond le malheureux corsaire, figé de peur, tout son grand corps à tâtons sous le bureau.

« Qu'est-ce que tu fais, mon trésor ?

— Je fais... hé ! Je fais le collyre de mademoiselle Tournatoire. »

La maman se rendort, le pilon de l'élève un instant suspendu reprend son lent mouvement de pendule qui berce la maison et la placette assoupies dans la fatigue de cette fin de journée d'été. Bézuquet, maintenant, marche à grands pas devant sa porte, tour à tour rose ou vert selon qu'il passe devant l'un ou l'autre de ses bocaux. Il lève les bras, profère des mots hagards : « Malheureux... perdu... fatal amour... comment le tirer de là ? » et, malgré son trouble, accompagne d'un sifflement allègre la retraite des dragons s'éloignant sous les platanes du Tour deville.

« Hé! adieu, Bézuquet... » dit une ombre pressée dans le crépuscule couleur de cendre.

« Où allez-vous donc, Pégoulade?

— Au Club, pardi!... séance de nuit... on doit parler de Tartarin et de la présidence... Il faut venir.

— Té, oui! je viendrai... » répond brusquement le pharmacien traversé d'une idée providentielle; il rentre, passe sa redingote, tâte dans les poches pour s'assurer que le passe-partout s'y trouve et le casse-tête américain sans lequel aucun Tarasconnais ne se hasarde par les rues après la retraite. Puis il appelle : « Pascalon... Pascalon... » mais pas trop fort, de peur de réveiller la vieille dame.

Presque enfant et déjà chauve, comme s'il portait tous ses cheveux dans sa barbe frisée et blonde, l'élève Pascalon avait l'âme exaltée d'un séide, le front en dôme, des yeux de chèvre folle, et sur ses joues poupines les tons délicats, croustillants et dorés d'un petit pain de Beaucaire. Aux grands jours des fêtes alpestres, c'est à lui que le Club confiait sa bannière, et l'enfant avait voué au P. C. A. une admiration frénétique, l'adoration brûlante et silencieuse du cierge qui se consume au pied de l'autel en temps de Pâques.

« Pascalon, dit le pharmacien tout bas et de si près qu'il lui enfonçait le crin de sa moustache dans l'oreille, j'ai des nouvelles de Tartarin.... Elles sont navrantes.... »

Et le voyant pâlir :

« Courage, enfant, tout peut encore se réparer.... Différemment, je te confie la pharmacie....

Si l'on te demande de l'arsenic, n'en donne pas ; de l'opium, n'en donne pas non plus, ni de la rhubarbe... ne donne rien. Si je ne suis pas rentré à dix heures, couche-toi et mets les boulons. Va ! »

D'un pas intrépide, il s'enfonça dans la nuit du Tour-de-ville, sans se retourner une fois, ce qui permit à Pascalon de se ruer sur la corbeille, de la fouiller de ses mains rageuses et avides, de la retourner enfin sur la basane du bureau pour voir s'il n'y restait pas quelques morceaux de la mystérieuse lettre apportée par le facteur.

Pour qui connaît l'exaltation tarasconnaise, il est aisé de se représenter l'affolement de la petite ville depuis la brusque disparition de Tartarin. Et autrement, pas moins, différemment, ils en avaient tous perdu la tête, d'autant qu'on était en plein cœur d'août et que les crânes bouillonnaient sous le soleil à faire sauter tous leurs couvercles. Du matin au soir, on ne parlait que de cela en ville, on n'entendait que ce nom : « Tartarin » sur les lèvres pincées des dames à *capot*, sur la bouche fleurie des grisettes coiffées d'un ruban de velours : « Tartarin, Tartarin... » et dans les platanes du Cours, alourdis de poussière blanche, où les cigales éperdues, vibrant avec la lumière, semblaient s'étrangler de ces deux syllabes sonores : « Tar.. tar.. tar.. tar.. tar.. »

Personne ne sachant rien, naturellement tout le monde était informé et donnait une explication au départ du président. Il y avait des versions extravagantes. Selon les uns, il venait d'entrer à la Trappe, il avait enlevé la Dugazon; pour les autres, il était allé dans les îles fonder une colonie qui s'appelait Port-Tarascon, ou bien, parcourait l'Afrique centrale à la recherche de Livingstone.

« Ah! vaï, Livingstone!... Voilà deux ans qu'il est mort... »

Mais l'imagination tarasconnaise défie tous les calculs du temps et de l'espace. Et le rare, c'est que ces histoires de Trappe, de colonisation, de lointains voyages, étaient des idées de Tartarin, des rêves de ce dormeur éveillé, jadis communiqués à ses intimes qui ne savaient que croire à cette heure et, très vexés au fond de n'être pas informés, affectaient vis-à-vis de la foule la plus grande réserve, prenaient entre eux des airs sournois, entendus. Excourbaniès soupçonnait

Bravida d'être au courant ; et Bravida disait de son côté : « Bézuquet doit tout savoir. Il regarde de travers comme un chien qui porte un os. »

C'est vrai que le pharmacien souffrait mille morts avec ce secret en cilice qui le cuisait, le

démangeait, le faisait pâlir et rougir dans la même minute et loucher continuellement. Songez qu'il était de Tarascon, le malheureux, et dites si, dans tout le martyrologe, il existe un supplice aussi terrible que celui-là : le martyre de saint Bézuquet, qui savait quelque chose, mais ne pouvait rien dire.

C'est pourquoi, ce soir-là, malgré les nouvelles terrifiantes, sa démarche avait on ne sait quoi d'allégé, de plus libre, pour courir à la séance.

Enfcîn!.. Il allait parler, s'ouvrir, dire ce qui lui pesait tant; et dans sa hâte de se délester, il jetait en passant des demi-mots aux promeneurs du Tour-de-ville. La journée avait été si chaude que, malgré l'heure insolite et l'ombre terrifiante,

— huit heures *manque un quart* au cadran de la commune, — il y avait dehors un monde fou, des familles bourgeoises assises sur les bancs et prenant le bon de l'air pendant que leurs maisons s'évaporaient, des bandes d'ourdisseuses marchant à cinq ou six en se tenant le bras sur une ligne ondulante de bavardages et de rires. Dans tous les groupes, on parlait de Tartarin:

« Et autrement, monsieur Bézuquet, toujours pas de lettre?... » demandait-on au pharmacien en l'arrêtant au passage.

« Si fait, mes enfants, si fait.... Lisez le *Forum*, demain matin.... »

Il hâtait le pas, mais on le suivait, on s'accrochait à lui, et cela faisait le long du Cours une rumeur, un piétinement de troupeau qui s'arrêta sous les croisées du Club ouvertes en grands carrés de lumière.

Les séances se tenaient dans l'ancienne salle de la bouillotte dont la longue table, recouverte du même drap vert, servait à présent de bureau. Au milieu, le fauteuil présidentiel avec le P. C. A. brodé sur le dossier; à un bout et comme en dépendance, la chaise du secrétaire. Derrière, la bannière se déployait au-dessus d'un long carton-pâte vernissé où les Alpines sortaient en relief avec leurs noms respectifs et leurs altitudes. Des alpenstocks d'honneur incrustés d'ivoire, en faisceaux comme des queues de billard, ornaient les coins, et la vitrine étalait des curiosités ramassées sur la montagne, cristaux, silex, pétrifications, deux oursins, une salamandre.

En l'absence de Tartarin, Costecalde rajeuni, rayonnant, occupait le fauteuil ; la chaise était pour Excourbaniès qui faisait fonction de secrétaire ; mais ce diable d'homme, crépu, velu, barbu, éprouvait un besoin de bruit, d'agitation qui ne lui permettait pas les emplois sédentaires. Au moindre prétexte, il levait les bras, les jambes, poussait des hurlements effroyables, des « ha! ha! ha! » d'une joie féroce, exubérante, que terminait toujours ce terrible cri de guerre en patois tarasconnais : « *Fen dé brut !...* faisons du bruit.... » On l'appelait « le gong » à cause de sa voix de cuivre partant à vous faire saigner les oreilles sous une continuelle détente.

Çà et là, sur un divan de crin autour de la salle, les membres du comité.

En première ligne, l'ancien capitaine d'habillement Bravida, que tout le monde, à Tarascon, appelait le Commandant ; un tout petit homme, propre comme un sou, qui se rattrapait de sa taille d'enfant de troupe, en se faisant la tête moustachue et sauvage de Vercingétorix.

Puis une longue face creusée et maladive, Pégoulade, le receveur, le dernier naufragé de la *Méduse*. De mémoire d'homme, il y a toujours eu

à Tarascon un dernier naufragé de la *Méduse*. Dans un temps, même, on en comptait jusqu'à trois, qui se traitaient mutuellement d'imposteurs et n'avaient jamais consenti à se trouver ensemble. Des trois, le seul vrai, c'était Pégoulade.

Embarqué sur la *Méduse* avec ses parents, il avait subi le désastre à six mois, ce qui ne l'empêchait pas de le raconter, *de visu*, dans les moindres détails, la famine, les canots, le ra-

deau, et comment il avait pris à la gorge le commandant qui se sauvait : « Sur ton banc de quart, misérable!... » A six mois, *outre!*... Assommant, du reste, avec cette éternelle histoire que tout le monde connaissait, ressassait depuis cinquante ans, et dont il prenait prétexte pour se donner un air désolé, détaché de la vie. « Après ce que j'ai vu ! » disait-il, et bien injustement, puisqu'il devait à cela son poste de receveur conservé sous tous les régimes.

Près de lui, les frères Rognonas, jumeaux et sexagénaires, ne se quittant pas, mais toujours en querelle et disant des monstruosités l'un de l'autre; une telle ressemblance que leurs deux vieilles têtes frustes et régulières, regardant à l'opposé par antipathie, auraient pu figurer dans un médaillier avec IANUS BIFRONS pour exergue.

De-ci, de-là, le président Bédaride, Barjavel l'avoué, le notaire Cambalalette, et le terrible docteur Tournatoire dont Bravida disait qu'il aurait tiré du sang d'une rave.

Vu la chaleur accablante, accrue par l'éclairage au gaz, ces messieurs siégeaient en bras de chemise, ce qui ôtait beaucoup de solennité à la réunion. Il est vrai qu'on était en petit comité, et l'infâme Costecalde voulait en profiter pour fixer au plus tôt la date des élections, sans attendre le retour de Tartarin. Assuré de son coup, il triomphait d'avance, et lorsque, après la lecture de l'ordre du jour par Excourbaniès, il se leva pour intriguer, un infernal sourire retroussait sa lèvre mince.

« Méfie-toi de celui qui rit avant de parler », murmura le commandant.

Costecalde, sans broncher, et clignant de l'œil au fidèle Tournatoire, commença d'une voix fielleuse :

« Messieurs, l'inqualifiable conduite de notre président, l'incertitude où il nous laisse....

— C'est faux!... Le Président a écrit.... »

Bézuquet frémissant se campait devant le bureau ; mais, comprenant ce que son attitude avait d'antiréglementaire, il changea de ton et, la main levée selon l'usage, demanda la parole pour une communication pressante.

« Parlez! Parlez! »

Costecalde, très jaune, la gorge serrée, lui donna la parole d'un mouvement de tête. Alors, mais alors seulement, Bézuquet commença :

« Tartarin est au pied de la Jungfrau.... Il va monter.... Il demande la bannière!... »

Un silence coupé du rauque halètement des poitrines, du crépitement du gaz ; puis un hurrah formidable, des bravos, des trépignements, que dominait le gong d'Excourbaniès poussant son cri de guerre : « Ah! ah! ah! *fén dé brut!* » auquel la foule anxieuse répondait du dehors.

Costecalde, de plus en plus jaune, agitait désespérément la sonnette présidentielle ; enfin Bézuquet continua, s'épongeant le front, soufflant comme s'il venait de monter cinq étages.

Différemment, cette bannière que leur président

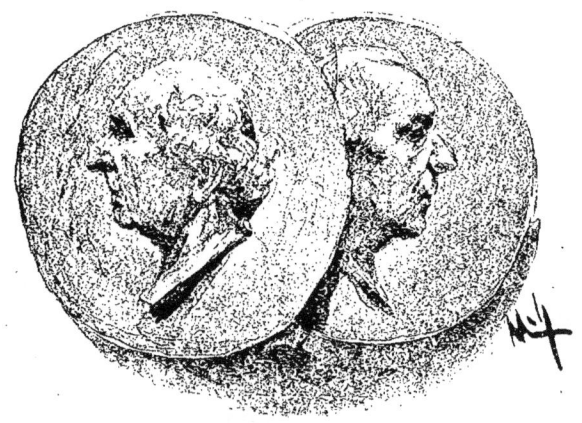

réclamait pour la planter sur les cimes vierges, allait-on la ficeler, l'empaqueter par la grande vitesse comme un simple colis?

« Jamais!... ah! ah! ah!.. » rugit Excourbaniès.

Ne vaudrait-il pas mieux nommer une délégation, tirer au sort trois membres du bureau ?....

On ne le laissa pas finir. Le temps de dire

« zou ! » la proposition de Bézuquet était votée, acclamée, les noms des trois délégués sortis dans l'ordre suivant : 1, Bravida ; 2, Pégoulade ; 3, le pharmacien.

Le 2 protesta. Ce grand voyage lui faisait peur,

si faible et mal portant comme il était, *péchère*, depuis le sinistre de la *Méduse*.

« Je partirai pour vous, Pégoulade.... » gronda Excourbaniès dans une télégraphie de tous ses membres. Quant à Bézuquet, il ne pouvait quitter la pharmacie. Il y allait du salut de la ville. Une imprudence de l'élève et voilà Tarascon empoisonné, décimé.

« *Outre!* » fit le bureau se levant comme un seul homme.

Bien sûr que le pharmacien ne pouvait partir, mais il enverrait Pascalon, Pascalon se chargerait de la bannière. Ça le connaissait! Là-dessus, nouvelles exclamations, nouvelle explosion du gong et, sur le Cours, une telle tempête populaire, qu'Excourbaniès dut se montrer à la fenêtre, au-dessus des hurlements que maîtrisa bientôt sa voix sans rivale.

« Mes amis, Tartarin est retrouvé. Il est en train de se couvrir de gloire. »

Sans rien ajouter de plus que « Vive Tartarin! » et son cri de guerre lancé à toute gorge, il savoura une minute la clameur épouvantable de toute cette foule sous les arbres du Cours, roulant et s'agitant confuse dans une fumée de poussière, tandis que, sur les branches, tout un tremblement de cigales faisait aller ses petites crécelles comme en plein jour.

Entendant cela, Costecalde, qui s'était approché d'une croisée avec tous les autres, revint vers son fauteuil en chancelant.

« *Vé* Costecalde, dit quelqu'un.... Qu'est-ce qu'il a?... Comme il est jaune! »

On s'élança; déjà le terrible Tournatoire tirait sa trousse, mais l'armurier, tordu par le mal, en une grimace horrible, murmurait ingénument :

« Rien.... rien.... laissez-moi.... Je sais ce que c'est.... c'est l'envie! »

Pauvre Costecalde, il avait l'air de bien souffrir.

Pendant que se passaient ces choses, à l'autre bout du Tour-de-ville, dans la pharmacie de la placette, l'élève de Bézuquet, assis au bureau du patron, collait patiemment et remettait bout à bout les fragments oubliés par le pharmacien au fond de la corbeille; mais de nombreux morceaux échappaient à la reconstruction, car voici l'énigme singulière et farouche, étalée devant lui, assez pareille à une carte de l'Afrique centrale, avec des manques, des blancs de *terra incognita*, qu'explorait dans la terreur l'imagination du naïf porte-bannière :

fou d'amour

lampe à chalum   conserves de Chicago

peux pas m'arrach   nihiliste

à mort   conditions abom   en échange
de son   Vous me connaissez, Ferdi
savez mes idées libérales,
mais de là au tzaricide

rribles conséquences

Sibérie   pendu   l'adore

Ah !   serrer ta main loya

Tar   Tar

..... Guettait les physionomies avant de s'approcher.....

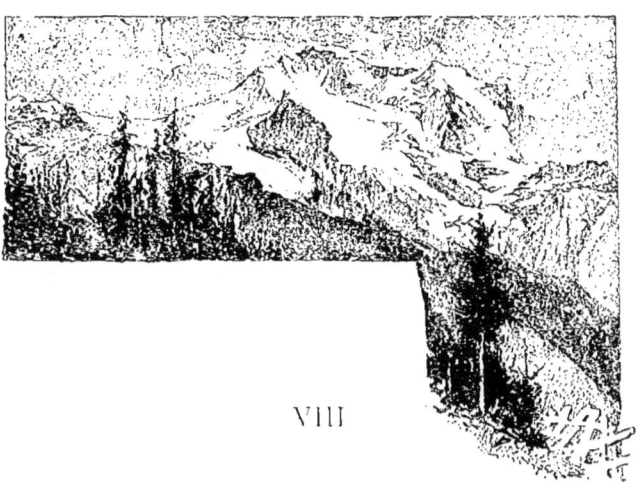

VIII

Dialogue mémorable entre la Jungfrau et Tartarin. — Un salon nihiliste. — Le duel au couteau de chasse. — Affreux cauchemar. — « C'est moi que vous cherchez, messieurs ? » — Étrange accueil fait par l'hôtelier Meyer à la délégation tarasconnaise.

Comme tous les hôtels chics d'Interlaken, l'hôtel Jungfrau, tenu par Meyer, est situé sur le Hœheweg, large promenade à la double allée de noyers qui rappelait vaguement à Tartarin son cher Tour-de-ville, moins le soleil, la poussière et les cigales ; car, depuis une semaine de séjour, la pluie n'avait cessé de tomber.

Il habitait une très belle chambre avec balcon, au premier étage; et le matin, faisant sa barbe devant la petite glace à main pendue à la croisée, une vieille habitude de voyage, le premier objet qui frappait ses yeux par delà des blés, des luzernes, des sapinières, un cirque de sombres verdures étagées, c'était la Jungfrau sortant des nuages sa cime en corne, d'un blanc pur de neige amoncelée, où s'accrochait toujours le rayon furtif d'un invisible levant. Alors, entre l'Alpe rose et blanche et l'Alpiniste de Tarascon, s'établissait un court dialogue qui ne manquait pas de grandeur.

« Tartarin, y sommes-nous? » demandait la Jungfrau sévèrement.

« Voilà, voilà... » répondait le héros, son pouce sous le nez, se hâtant de finir sa barbe; et, bien vite, il atteignait son complet à carreaux d'ascensionniste, au rancart depuis quelques jours, le passait en s'injuriant :

« Coquin de sort! c'est vrai que ça n'a pas de nom.... »

Mais une petite voix discrète et claire montait entre les myrtes en bordure devant les fenêtres du rez-de-chaussée :

« Bonjour.... disait Sonia, le voyant paraître au balcon.... le landau nous attend.... dépêchez-vous donc, paresseux....

— Je viens, je viens.... »

En deux temps, il remplaçait sa grosse chemise de laine par du linge empesé fin, ses knickersbockers de montagne par la jaquette vert-serpent qui, le dimanche, à la musique, tournait la tête à toutes les dames de Tarascon.

Le landau piaffait devant l'hôtel, Sonia déjà installée à côté de son frère, plus pâle et creusé de jour en jour malgré le bienfaisant climat d'Interlaken; mais, au moment de partir, Tartarin voyait régulièrement se lever d'un banc de la promenade et s'approcher, avec le lourd dandinement d'ours de montagne, deux guides fameux de Grindelwald, Rodolphe Kaufmann et Christian Inebnit, retenus par lui pour l'ascension de la Jungfrau et qui, chaque matin, venaient voir si leur monsieur était disposé.

L'apparition de ces deux hommes aux fortes chaussures ferrées, aux vestes de futaine râpées au dos et sur l'épaule par le sac et les cordes d'ascension, leurs faces naïves et sérieuses, les quatre mots de français qu'ils baragouinaient péniblement en tortillant leurs grands chapeaux de feutre, c'était pour Tartarin un véritable supplice. Il avait beau leur dire :

« Ne vous dérangez pas.... je vous préviendrai.... »

Tous les jours, il les retrouvait à la même place et s'en débarrassait par une grosse pièce proportionnée à l'énormité de son remords. Enchantés de cette façon de  « faire la Jungfrau », les montagnards empochaient le *trinkgeld* gravement et reprenaient d'un pas résigné, sous la fine pluie, le chemin de leur village, laissant Tartarin confus et désespéré de sa faiblesse. Puis le grand air, les plaines fleuries reflétées aux prunelles limpides de Sonia, le frôlement d'un petit pied contre sa botte au fond de la voiture.... Au diable la Jungfrau ! Le héros ne songeait qu'à ses amours, ou plutôt à la mission qu'il s'était donnée de ramener dans le droit chemin cette pauvre petite Sonia, criminelle inconsciente, jetée par dévouement fraternel hors la loi et hors la nature.

C'était le motif qui le retenait à Interlaken, dans le même hôtel que les Wassilief. A son âge, avec son air papa, il ne pouvait songer à se faire aimer de cette enfant ; seulement, il la voyait si douce, si bravette, si généreuse envers tous les misérables de son parti, si dévouée pour ce frère, que les mines sibériennes lui avaient renvoyé le

corps rongé d'ulcères, empoisonné de vert-de-gris, condamné à mort par la phtisie plus sûrement que par toutes les cours martiales ! Il y avait de quoi s'attendrir, allons!

Tartarin leur proposait de les emmener à Tarascon, de les installer dans un bastidon plein de soleil aux portes de la ville, cette bonne petite ville où il ne pleut jamais, où la vie se passe en chansons et en fêtes. Il s'exaltait, esquissait un air de tambourin sur son chapeau, entonnait le gai refrain national sur une mesure de farandole :

Lagadigadeù
La Tarasco, la Tarasco,
Lagadigadeù
La Tarasco de Casteù.

Mais tandis qu'un sourire ironique amincissait encore les lèvres du malade, Sonia secouait la tête. Ni fêtes ni soleil pour elle, tant que le peuple russe râlerait sous le tyran. Sitôt son frère guéri, — ses yeux navrés disaient autre chose, — rien ne l'empêcherait de retourner là-bas souffrir et mourir pour la cause sacrée.

« Mais, coquin de bon sort ! criait le Tarasconnais, après ce tyran-là, si vous le faites sauter, il en viendra un autre.... Il faudra donc recommencer.... Et les années se passent, vé ! le temps du bonheur et des jeunes amours.... » Sa façon de dire « amour » à la tarasconnaise, avec trois *r* et les yeux hors du front, amusait la jeune fille : puis, sérieuse, elle déclarait qu'elle n'aimerait jamais que l'homme qui délivrerait sa patrie. Oh ! celui-là, fût-il laid comme Bolibine, plus rustique et grossier que Manilof, elle était prête à se donner toute à lui, à vivre à ses côtés en libre grâce, aussi longtemps que durerait sa jeunesse de femme, et que cet homme voudrait d'elle.

« En libre grâce! » le mot dont se servent les nihilistes pour qualifier ces unions illégales contractées entre eux par le seul consentement réciproque. Et de ce mariage primitif, Sonia parlait tranquillement, avec son air de vierge, en face du Tarasconnais, bon bourgeois, électeur paisible, tout disposé pourtant à finir ses jours auprès de cette adorable fille, dans ledit état de libre grâce, si elle n'y avait mis d'aussi meurtrières et abominables conditions.

Pendant qu'ils devisaient de ces choses extrêmement délicates, des champs, des lacs, des forêts, des montagnes se déroulaient devant eux et, toujours, à quelque tournant, à travers le frais tamis de cette perpétuelle ondée qui suivait le héros dans ses excursions, la Jungfrau dressait sa cime blanche comme pour aiguiser d'un remords la délicieuse promenade. On rentrait déjeuner, s'asseoir à l'immense table d'hôte où les Riz et les Pruneaux continuaient leurs hostilités silencieuses dont se désintéressait absolument Tartarin, assis près de Sonia, veillant à ce que Boris n'eût pas de fenêtre ouverte dans le dos,

empressé, paternel, mettant à l'air toutes ses sé-
ductions d'homme du monde et ses qualités do-
mestiques d'excellent lapin de choux.

Ensuite, on prenait le thé chez les Russes, dans
le petit salon ouvert au rez-de-chaussée devant un
bout de jardin, au bord de la promenade. Encore
une heure exquise pour Tartarin, de causerie in-

time, à voix basse, pendant que Boris sommeillait
sur un divan. L'eau chaude grésillait dans le sa-
movar; une odeur de fleurs mouillées se glissait
par l'entrebâillure de la porte avec le reflet bleu
des glycines qui l'encadraient. Un peu plus de
soleil, de chaleur, et c'était le rêve du Tarasconnais réalisé, sa petite Russe installée là-bas, près
de lui. soignant le jardinet du Baobab.

Tout à coup, Sonia tressautait :

« Deux heures !... Et le courrier ?

— On y va », disait le bon Tartarin ; et rien qu'à l'accent de sa voix, au geste résolu et théâtral dont il boutonnait sa jaquette, empoignait

sa canne, on eût deviné la gravité de cette démarche en apparence assez simple, aller à la poste restante chercher le courrier des Wassilief.

Très surveillés par l'autorité locale et la police russe, les nihilistes, les chefs surtout, sont tenus à de certaines précautions, comme de se faire adresser lettres et journaux bureau restant, et sur de simples initiales.

Depuis leur installation à Interlaken, Boris se traînant à peine, Tartarin, pour éviter à Sonia l'ennui d'une longue attente au guichet, sous des regards curieux, s'était chargé à ses risques et périls de cette corvée quotidienne. La poste aux lettres n'est qu'à dix minutes de l'hôtel, dans une large et bruyante rue faisant suite à la promenade et bordée de cafés, de brasseries, de boutiques pour les étrangers, étalages d'alpenstocks, guêtres, courroies, lorgnettes, verres fumés, gourdes, sacs de voyage, qui semblaient là tout exprès pour faire honte à l'Alpiniste renégat. Des touristes défilaient en caravanes, chevaux, guides, mulets, voiles bleus, voiles verts, avec le brimbalement des cantines à l'amble des bêtes, les pics ferrés marquant le pas contre les cailloux; mais cette fête, toujours renouvelée, le laissait indifférent. Il ne sentait même pas la bise fraîche à goût de neige qui venait de la montagne par bouffées, uniquement attentif à dépister les espions qu'il supposait sur ses traces.

Le premier soldat d'avant-garde, le tirailleur rasant les murs dans la ville ennemie, n'avance pas avec plus de méfiance que le Tarasconnais pendant ce court trajet de l'hôtel à la poste. Au moindre coup de talon sonnant derrière les siens, il s'arrêtait attentivement devant les photographies étalées, feuilletait un livre anglais ou allemand pour obliger le policier à passer devant lui; ou bien il se retournait brusquement, dévisageait sous le nez avec des yeux féroces une grosse fille d'auberge allant aux provisions, ou quelque touriste inoffensif, vieux Pruneau de table d'hôte, qui descendait du trottoir, épouvanté, le prenant pour un fou.

À la hauteur du bureau dont les guichets ouvrent assez bizarrement à même la rue, Tartarin passait et repassait, guettait les physionomies avant de s'approcher, puis s'élançait, fourrait sa tête, ses épaules, dans l'ouverture, chuchotait quelques mots indistinctement, qu'on lui faisait toujours répéter, ce qui le mettait au désespoir, et, possesseur enfin du mystérieux dépôt, rentrait à l'hôtel par un grand détour du côté des cuisines, la main crispée au fond de sa poche sur le paquet de lettres et de journaux, prêt à tout déchirer, à tout avaler à la moindre alerte.

Presque toujours Manilof et Bolibine attendaient les nouvelles chez leurs amis; ils ne logeaient pas à l'hôtel pour plus d'économie et de prudence. Bolibine avait trouvé de l'ouvrage dans une imprimerie, et Manilof, très habile ébéniste, travaillait pour des entrepreneurs. Le Tarasconnais ne les aimait pas ; l'un le gênait par ses  grimaces, ses airs narquois, l'autre le poursuivait de mines farouches. Puis ils tenaient trop de place dans le cœur de Sonia.

« C'est un héros ! » disait-elle de Bolibine, et elle racontait que pendant trois ans il avait imprimé tout seul une feuille révolutionnaire en plein cœur de Pétersbourg. Trois ans sans descendre une fois, sans se montrer à une fenêtre, couchant dans un grand placard où la femme qui le logeait l'enfermait tous les soirs avec sa presse clandestine.

Et la vie de Manilof, pendant six mois, dans les sous-sols du Palais d'hiver, guettant l'occasion, dormant, la nuit, sur sa provision de dynamite, ce qui finissait par lui donner d'intolérables maux de tête, des troubles nerveux aggravés encore par l'angoisse perpétuelle, les brusques apparitions de la police avertie vaguement qu'il se tramait quelque chose et venant tout à coup surprendre les ouvriers employés au palais. A ses rares sorties, Manilof croisait sur la place de

l'Amirauté un délégué du Comité révolutionnaire qui demandait tout bas en marchant :

« Est-ce fait?

— Non, rien encore.... » disait l'autre sans remuer les lèvres. Enfin, un soir de février, à la même demande dans les mêmes termes, il répondait avec le plus grand calme :

« C'est fait... »

Presque aussitôt un épouvantable fracas confirmait ses paroles et, toutes les lumières du palais s'éteignant brusquement, la place se trouvait plongée dans une obscurité complète que déchiraient des cris de douleur et d'épouvante, des sonneries de clairons, des galopades de soldats et de pompiers accourant avec des civières.

Et Sonia interrompant son récit :

« Est-ce horrible, tant de vies humaines sacrifiées, tant d'efforts, de courage, d'intelligence inutiles ?... Non, non, mauvais moyen, ces tueries en masse.... Celui qu'on vise échappe toujours.... Le vrai procédé, le plus humain, serait d'aller au Czar comme vous alliez au lion, bien déterminé, bien armé, se poster à une fenêtre, une portière de voiture.... et quand il passerait....

— Bé oui !... certaine*main*.... » disait Tartarin embarrassé, feignant de ne pas saisir l'allusion, et tout de suite il se lançait dans quelque discussion philosophique, humanitaire, avec un des nombreux assistants. Car Bolibine et Manilof n'étaient pas les seuls visiteurs des Wassilief. Tous les jours se montraient des figures nouvelles, des jeunes gens, hommes ou femmes, aux tournures d'étudiants pauvres, d'institutrices exaltées, blondes et roses, avec le front têtu et le féroce enfantillage de Sonia ; des illégaux, des exilés, quelques-uns même condamnés à mort, ce qui ne leur ôtait rien de leur expansion de jeunesse.

Ils riaient, causaient haut, et, la plupart parlant français, Tartarin se sentait vite à l'aise. Ils l'appelaient « l'oncle », devinaient en lui quelque chose d'enfantin, de naïf, qui leur plaisait. Peut-être abusait-il un peu de ses récits de chasse, relevant sa manche jusqu'au biceps pour montrer sur son bras velu la cicatrice d'un coup de griffe de panthère, ou faisant tâter sous sa barbe les trous qu'y avaient laissés les crocs d'un lion de l'Atlas; peut-être aussi se familiarisait-il un peu trop vite avec les gens, leur prenant la taille, s'appuyant sur leur épaule, les appelant de leurs petits noms, au bout de cinq minutes qu'on était ensemble :

« Écoutez, Dimitri.... Vous me connaissez, Fédor Ivanovitch... » Pas depuis bien longtemps, en tout cas; mais il leur allait tout de même par sa rondeur, son air aimable, confiant, si désireux de plaire. Ils lisaient des lettres devant lui, combinaient des plans, des mots de passe pour dérouter la police, tout un côté conspirateur dont s'amusait énormément l'imagination du Tarasconnais; et, bien qu'opposé par nature aux actes de violence, il ne pouvait parfois s'empêcher de discuter leurs projets homicides, approuvait, critiquait, donnait des conseils dictés par l'expérience d'un grand chef qui a marché sur le sentier de la guerre, habitué au maniement de toutes les armes, aux luttes corps à corps avec les grands fauves.

Un jour même qu'ils parlaient en sa présence de l'assassinat d'un policier poignardé par un

nihiliste au théâtre, il leur démontra que le coup avait été mal porté et leur donna une leçon de couteau :

« Comme ceci, *vé!* de bas en haut. On ne risque pas de se blesser.... »

Et s'animant à sa propre mimique :

« Une supposition, *té!* que je tienne votre despote entre quatre-z'yeux, dans une chasse à l'ours. Il est là-bas où vous êtes, Fédor; moi, ici, près du guéridon, et chacun son couteau de chasse.... A nous deux, monseigneur, il faut en découdre.... »

Campé au milieu du salon, ramassé sur ses jambes courtes pour mieux bondir, râlant comme un bûcheron ou un geindre, il leur mimait un vrai combat terminé par son cri de triomphe quand il eut enfoncé l'arme jusqu'à la garde, de bas en haut, coquin de sort! dans les entrailles de son adversaire.

« Voilà comme ça se joue, mes petits! »

Mais quel remords ensuite, quelles terreurs, lorsque échappé au magnétisme de Sonia et de ses yeux bleus, à la griserie que dégageait ce bouquet de têtes folles, il se trouvait seul, en bonnet de nuit, devant ses réflexions et son verre d'eau sucrée de tous les soirs.

Différemment, de quoi se mêlait-il ? Ce tzar n'était pas son tzar, en définitive, et toutes ces histoires ne le regardaient guère.... Voyez-vous qu'un de ces jours il fût coffré, extradé, livré à la justice moscovite.... *Boufre!* c'est qu'ils ne badinent pas, tous ces cosaques.... Et dans l'obscurité de sa chambre d'hôtel, avec cette horrible faculté d'invention qu'augmentait la position horizontale, se développaient devant lui, comme sur un de ces « dépliants » qu'on lui donnait aux jours de l'an de son enfance, les supplices variés et formidables auxquels il était exposé. Tartarin, dans les mines de vert-de-gris, comme Boris, travaillant de l'eau jusqu'au ventre, le corps dévoré, empoisonné. Il s'échappe, se cache au milieu des forêts chargées de neige, poursuivi par les Tartares et les chiens dressés pour cette chasse à l'homme. Exténué de froid, de faim, il est repris et finalement pendu entre deux forçats, embrassé par un pope aux cheveux luisants, puant l'eau-de-vie et l'huile de phoque, pendant que là-bas, à Tarascon, dans le soleil, les fanfares d'un beau dimanche, la foule, l'ingrate et oublieuse foule, installe Costecalde rayonnant sur le fauteuil du P. C. A.

C'est dans l'angoisse d'un de ces mauvais rêves, qu'il avait poussé son cri de détresse : « A moi, Bézuquet... » envoyé au pharmacien sa lettre confidentielle toute moite de la sueur du cauchemar. Mais il suffisait du petit bonjour de Sonia vers sa croisée pour l'ensorceler, le rejeter encore dans toutes les faiblesses de l'indécision.

Un soir, revenant du Kursaal à l'hôtel avec les Wassilief et Bolibine, après deux heures de musique exaltante, le malheureux oublia toute prudence, et le « Sonia, je vous aime » qu'il retenait depuis si longtemps, il le prononça en serrant le bras qui s'appuyait au sien. Elle ne s'émut pas, le fixa toute pâle sous le gaz du perron où ils s'arrêtaient : « Eh bien ! méritez-moi.... » dit-elle avec un joli sourire d'énigme, un sourire remontant sur les fines dents blanches. Tartarin allait répondre, s'engager par serment à quelque folie criminelle, quand le chasseur de l'hôtel s'avançant vers lui :

« Il y a du monde pour vous, là-haut.... Des messieurs.... On vous cherche.

— On me cherche!... *Outre!*... pourquoi faire? » Et le numéro I du dépliant lui apparut : Tartarin coffré, extradé.... Certes, il avait peur, mais son attitude fut héroïque. Détaché vivement de Sonia : « Fuyez, sauvez-vous.... » lui dit-il d'une voix étouffée. Puis il monta, la tête droite, les yeux fiers, comme à l'échafaud, si ému cependant qu'il était obligé de se cramponner à la rampe.

En s'engageant dans le corridor, il aperçut des gens groupés au fond, devant sa porte, regardant par la serrure, cognant, appelant : « Hé! Tartarin.... »

Il fit deux pas, et la bouche sèche : « C'est moi que vous cherchez, messieurs?

— Té! pardi, oui, mon président!... »

Un petit vieux, alerte et sec, habillé de gris et qui semblait porter sur sa jaquette, son chapeau, ses guêtres, ses longues moustaches tombantes, toute la poussière du Tour-de-ville, sautait au

cou du héros, frottait à ses joues satinées et douillettes le cuir desséché de l'ancien capitaine d'habillement.

« Bravida!... pas possible!... Excourbaniès aussi!... Et là-bas, qui est-ce?... »

Un bêlement répondit : « Cher maî-aî-aître!... »

et l'élève s'avança, cognant aux murs une espèce de longue canne à pêche empaquetée dans le haut, ficelée de papier gris et de toile cirée.

« Hé ! *vé*, c'est Pascalon.... Embrassons-nous, petitot.... Mais qu'est-ce qu'il porte?... Débarrasse-toi donc!...

— Le papier.... ôte le papier!... » soufflait le commandant. L'enfant roula l'enveloppe d'une main prompte, et l'étendard tarasconnais se déploya aux yeux de Tartarin anéanti.

Les délégués se découvrirent.

« Mon président — la voix de Bravida tremblait solennelle et rude — vous avez demandé la bannière. nous vous l'apportons, té!... »

Le président arrondissait des yeux gros comme des pommes : « Moi, j'ai demandé?...

— Comment! vous n'avez pas demandé?...

— Ah ! si, parfaite*main*.... » dit Tartarin subitement éclairé par le nom de Bézuquet. Il comprit tout, devina le reste, et, s'attendrissant devant l'ingénieux mensonge du pharmacien pour le rappeler au devoir et à l'honneur, il suffoquait, bégayait dans sa barbe courte : « Ah ! mes enfants, que c'est bon ! quel bien vous me faites....

— Vive le prési*dain!*... » glapit Pascalon, brandissant l'oriflamme. Le gong d'Excourbaniès retentit, fit rouler son cri de guerre « Ha! ha! ha!

fèn dé brut... » jusque dans les caves de l'hôtel. Des portes s'ouvraient, des têtes curieuses se montraient à tous les étages, puis disparaissaient épouvantées devant cet étendard, ces hommes noirs et velus qui hurlaient des mots étranges, les bras en l'air. Jamais le pacifique hôtel Jungfrau n'avait subi pareil vacarme.

« Entrons chez moi, » fit Tartarin un peu gêné. Ils tâtonnaient dans la nuit de la chambre, cherchant des allumettes, quand un coup autoritaire frappé à la porte la fit s'ouvrir d'elle-même devant la face rogue, jaune et bouffie de l'hôtelier Meyer. Il allait entrer, mais s'arrêta devant cette ombre où luisaient des yeux terribles, et du seuil, les dents serrées sur son dur accent tudesque : « Tâchez de vous tenir tranquilles... ou je vous fais tous ramasser par *le* police.... »

Un grognement de buffle sortit de l'ombre à ce mot brutal de « ramasser ». L'hôtelier recula d'un pas, mais jeta encore : « On sait qui vous êtes, allez! on a l'œil sur vous, et moi je ne veux plus du monde comme ça dans ma maison!...

— Monsieur Meyer, dit Tartarin doucement, poliment, mais très ferme.... faites préparer ma note.... Ces messieurs et moi nous partons demain matin pour la Jungfrau. »

O sol natal, ô petite patrie dans la grande!

rien que d'entendre l'accent tarasconnais frémissant avec l'air du pays aux plis d'azur de la bannière, voilà Tartarin délivré de l'amour et de ses pièges, rendu à ses amis, à sa mission, à la gloire.

Maintenant, zou!...

..... Tartarin épaula méthodiquement selon son habitude;
il allait tirer....

IX

Au Chamois fidèle.

Le lendemain, ce fut charmant, cette route à pied d'Interlaken à Grindelwald où l'on devait, en passant, prendre les guides pour la Petite Scheideck; charmante, cette marche triomphale du P. C. A. rentré dans ses houseaux et vêtements de montagne, s'appuyant d'un côté sur l'épaule maigrelette du commandant Bravida, de autre au bras robuste d'Excourbaniès, fiers tous les deux d'encadrer, de soutenir leur cher président, de porter son piolet, son sac, son alpenstock, tandis que, tantôt devant, tantôt derrière ou sur les flancs, gambadait comme un jeune chien le fanatique Pascalon, sa bannière dûment empaquetée et roulée pour éviter les scènes tumultueuses de la veille.

La gaieté de ses compagnons, le sentiment du devoir accompli, la Jungfrau toute blanche, là-bas dans le ciel comme une fumée, il n'en fallait pas moins pour faire oublier au héros ce qu'il laissait derrière lui, à tout jamais peut-être, et sans un adieu. Aux dernières maisons d'Interlaken, ses paupières se gonflèrent; et, tout en marchant, il s'épanchait à tour de rôle dans le sein d'Excourbaniès : « Écoutez, Spiridion », ou dans celui de Bravida : « Vous me connaissez, Placide.... » Car, par une ironie de la nature, ce militaire indomptable s'appelait Placide, et Spiridion ce buffle à peau rude, aux instincts matériels.

Malheureusement, la race tarasconnaise, plus galante que sentimentale, ne prend jamais les affaires de cœur au sérieux : « Qui perd une femme et quinze sous, c'est grand dommage de l'argent... » répondait le sentencieux Placide, et Spiridion pensait exactement comme lui; quant à l'innocent Pascalon, il avait des femmes une peur horrible et rougissait jusqu'aux oreilles lorsqu'on prononçait le nom de la Petite Scheideck devant lui, croyant qu'il s'agissait d'une personne légère dans ses mœurs. Le pauvre amoureux en fut réduit à garder ses confidences et se consola tout seul, ce qui est encore le plus sûr.

Quel chagrin d'ailleurs eût pû résister aux distractions de la route à travers l'étroite, profonde et sombre vallée où ils s'engageaient le long d'une rivière sinueuse, toute blanche d'écume, grondant comme un tonnerre dans l'écho des sapinières qui l'encaissaient, en pente sur ses deux rives !

Les délégués tarasconnais, la tête en l'air, avançaient avec une sorte de terreur, d'admiration religieuse ; ainsi les compagnons de Sindbad le marin, lorsqu'ils arrivèrent devant les palétuviers, les manguiers, toute la flore géante des côtes indiennes. Ne connaissant que leurs montagnettes pelées et pétrées, ils n'auraient jamais pensé qu'il pût y avoir tant d'arbres à la fois sur des montagnes si hautes.

« Et ce n'est rien, cela.... vous verrez la Jungfrau ! » disait le P. C. A., qui jouissait de leur émerveillement, se sentait grandir à leurs yeux.

En même temps, pour égayer le décor, humaniser sa note imposante, des cavalcades les croisaient sur la route, de grands landaus à fond de train avec des voiles flottant aux portières, des têtes curieuses qui se penchaient pour regarder la délégation serrée autour de son chef, et, de distance en distance, les étalages de bibelots en bois sculpté, des fillettes plantées au bord du chemin, raides sous leurs chapeaux de paille à grands rubans, dans leur jupes bigarrées, chantant des chœurs à trois voix en offrant des bouquets de framboises et d'edelweiss. Parfois, le cor des Alpes envoyait aux montagnes sa ritournelle mélancolique, enflée, répercutée dans les gorges et diminuée lentement, à la façon d'un nuage qui fond en vapeur.

« C'est beau, on dirait les orgues.... » murmurait Pascalon, les yeux mouillés, extasié comme un saint de vitrail. Excourbaniès hurlait sans se décourager et l'écho répétait à perte de son l'intonation tarasconnaise : « Ha!... ha!... ha!... *fèn dé brut.* »

Mais on se lasse après deux heures de marche dans le même décor, fût-il organisé, vert sur bleu, des glaciers dans le fond, et sonore comme une horloge à musique. Le fracas des torrents, les chœurs à la tierce, les marchands d'objets au couteau, les petites bouquetières, devinrent insupportables à nos gens, l'humidité surtout, cette buée au fond de cet entonnoir, ce sol mou, fleuri de plantes d'eau, où jamais le soleil n'a pénétré.

« Il y a de quoi prendre une pleurésie », disait Bravida, retroussant le collet de sa jaquette. Puis la fatigue s'en mêla, la faim, la mauvaise humeur. On ne trouvait pas d'auberge; et, pour s'être bourrés de framboises, Excourbaniès et Bravida commençaient à souffrir cruellement. Pascalon lui-même, cet ange, chargé non seulement de la bannière, mais du piolet, du sac, de l'alpenstock dont  les autres se débarrassaient lâchement sur lui, Pascalon avait perdu sa gaieté, ses vives gambades.

A un tournant de route, comme ils venaient de franchir la Lutschine sur un de ces ponts couverts qu'on trouve dans le pays de grande neige, une formidable sonnerie de cor les accueillit.

« Ah ! *vaï*, assez !... assez !... » hurlait la délégation exaspérée.

L'homme, un géant, embusqué au bord de la route, lâcha l'énorme trompe en sapin descendant jusqu'à terre et terminée par une boîte à percussion qui donnait à cet instrument préhistorique la sonorité d'une pièce d'artillerie.

« Demandez-lui donc s'il ne connaît pas une auberge ? » dit le président à Excourbaniès qui, avec un énorme aplomb, et un tout petit dictionnaire de poche, prétendait servir d'interprète à la délégation, depuis qu'on était en Suisse allemande. Mais, avant qu'il eût tiré son dictionnaire, le joueur de cor répondait en très bon français :

« Une auberge, messieurs ?... mais parfaitement.... le *Chamois fidèle* est tout près d'ici ; permettez-moi de vous y conduire. »

Et, chemin faisant, il leur apprit qu'il avait habité Paris pendant des années, commissionnaire au coin de la rue Vivienne.

« Encore un de la Compagnie, parbleu ! » pensa Tartarin, laissant ses amis s'étonner. Le confrère de Bompard leur fut du reste fort utile, car, malgré l'enseigne en français, les gens du *Chamois fidèle* ne parlaient qu'un affreux patois allemand.

Bientôt la délégation tarasconnaise, autour d'une énorme omelette aux pommes de terre, recouvra la santé et la belle humeur essentielle aux méridionaux comme le soleil à leur pays. On but sec, on mangea ferme. Après force toasts portés au président et à son ascension, Tartarin, que l'enseigne de l'auberge intriguait depuis son arrivée, demanda au joueur de cor, cassant une croûte dans un coin de la salle avec eux :

« Vous avez donc du chamois, par ici ?... Je croyais qu'il n'en restait plus en Suisse. »

L'homme cligna des yeux :

« Ce n'est pas qu'il y en ait beaucoup, mais on pourrait vous en faire voir tout de même.

— C'est lui en faire tirer, qu'il faudrait, *vé !*... dit Pascalon plein d'enthousiasme.... jamais le président n'a manqué son coup. »

Tartarin regretta de n'avoir pas apporté sa carabine.

« Attendez donc, je vais parler au patron. »

Il se trouva justement que le patron était un ancien chasseur de chamois ; il offrit son fusil, sa poudre, ses chevrotines et même de servir de guide à ces messieurs vers un gîte qu'il connaissait.

« En avant, zou ! » fit Tartarin, cédant à ses alpinistes heureux de faire briller l'adresse de leur chef. Un léger retard, après tout ; et la Jungfrau ne perdrait rien pour attendre !...

Sortis de l'auberge par derrière, ils n'eurent qu'à pousser la claire-voie du verger, guère plus grand qu'un jardinet de chef de gare, et se trouvèrent dans la montagne fendue de grandes crevasses rouillées entre les sapins et les ronces.

L'aubergiste avait pris l'avance et les Tarasconnais le voyaient déjà très haut, agitant les bras, jetant des pierres, sans doute pour faire lever la bête. Ils eurent beaucoup de mal à le rejoindre par ces pentes rocailleuses et dures, surtout pour des personnes qui sortent de table et qui n'ont pas plus l'habitude de gravir que les bons alpinistes de Tarascon. Un air lourd, avec cela, une haleine orageuse qui roulait des nuages lentement le long des cimes, sur leur tête.

« *Boufre!* » geignait Bravida.

Excourbaniès grognait :

« *Outre!*

— Que vous me feriez dire.... » ajoutait le doux et bêlant Pascalon.

Mais le guide leur ayant, d'un geste brusque intimé l'ordre de se taire, de ne plus bouger : « On ne parle pas sous les armes », dit Tartarin de Tarascon avec une sévérité dont chacun prit sa part, bien que le président seul fût armé. Ils restaient là debout, retenant leur souffle; tout à coup, Pascalon cria :

« *Vé!* le chamois, *vé*.... »

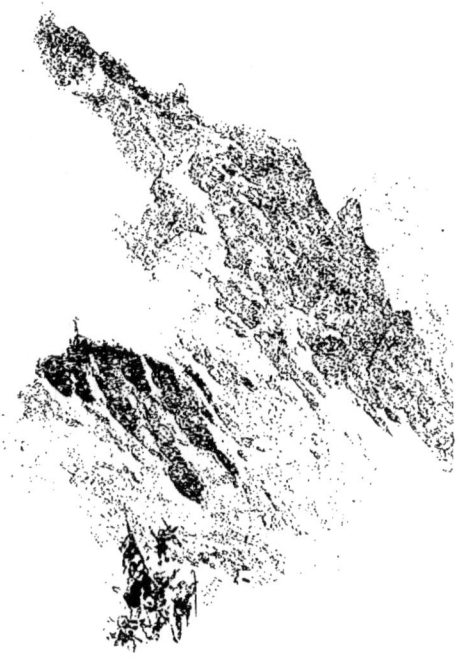

A cent mètres au-dessus d'eux, les cornes droites, la robe d'un fauve clair, les quatre pieds réunis au bord du rocher, la jolie bête se découpait comme en bois travaillé, les regardant sans aucune crainte. Tartarin épaula méthodiquement, selon son habitude ; il allait tirer, le chamois disparut.

« C'est votre faute, dit le commandant à Pascalon.... Vous avez sifflé... ça lui a fait peur.

— J'ai sifflé, moi?

— Alors c'est Spiridion....

— Ah vaï! jamais de la vie. »

On avait pourtant entendu un coup de sifflet strident, prolongé. Le président les mit tous d'accord en racontant que le chamois, à l'approche de l'ennemi, pousse un signal aigu par les narines. Ce diable de Tartarin connaissait à fond cette chasse comme toutes les autres! Sur l'appel de leur guide, ils se remirent en route; mais la pente devenait de plus en plus raide, les roches plus escarpées, avec des fondrières à droite et à gauche. Tartarin tenait la tête, se retournant à chaque instant pour aider les délégués, leur tendre la main ou sa carabine. « La main, la main, si ça ne vous fait rien, » demandait le bon Bravida qui avait très peur des armes chargées.

Nouveau signe du guide, nouvel arrêt de la délégation, le nez en l'air.

« Je viens de sentir une goutte! » murmura le commandant tout inquiet. En même temps, la foudre gronda et, plus forte que la foudre, la voix d'Excourbaniès : « A vous, Tartarin ! » Le chamois venait de bondir tout près d'eux, franchissant le ravin comme une lueur dorée, trop vite pour que Tartarin pût épauler, pas assez pour les empêcher d'entendre le long sifflement de ses narines

« J'en aurai raison, coquin de sort ! » dit le président, mais les délégués protestèrent. Excourbaniès, subitement très aigre, lui demanda s'il avait juré de les exterminer.

« Cher maî... aî... aître... » bêla timidement Pascalon, « j'ai ouï dire que le chamois, lorsqu'on l'accule aux abîmes, se retourne contre le chasseur et devient dangereux.

— Ne l'acculons pas, alors ! » fit Bravida terrible, la casquette en bataille.

Tartarin les appela poules mouillées. Et brusquement, tandis qu'ils se disputaient, ils disparurent les uns aux yeux des autres dans une épaisse nuée tiède qui sentait le soufre et à travers laquelle ils se cherchaient, s'appelaient.

« Hé ! Tartarin.
— Etes-vous là, Placide ?
— Maî... aî... aî... tre !
— Du sang-froid ! du sang-froid ! »

Une vraie panique. Puis un coup de vent creva le nuage, l'emporta comme une voile arrachée flottant aux ronces, d'où sortit un éclair en zig-zag avec un épouvantable coup de tonnerre sous les pieds des voyageurs. « Ma casquette!... » cria Spiridion décoiffé par la tempête, les cheveux tout droits crépitant d'étincelles électriques. Ils étaient en plein cœur de l'orage, dans la forge même de

Vulcain. Bravida, le premier, s'enfuit à toute vitesse; le reste de la délégation s'élançait derrière lui, mais un cri du P. C. A. qui pensait à tout les retint :

« Malheureux.... gare à la foudre!... »

Du reste, en dehors du danger très réel qu'il leur signalait, on ne pouvait guère courir sur ces pentes abruptes, ravinées, transformées en torrents, en cascades, par toute l'eau du ciel qui tombait. Et le retour fut sinistre, à pas lents sous la folle radée, parmi les courts éclairs suivis d'explosions, avec des glissades, des chutes, des haltes forcées. Pascalon se signait, invoquait tout haut, comme à Tarascon, « sainte Marthe et sainte Hélène, sainte Marie-Madeleine, » pendant qu'Excourbaniès jurait : « Coquin de sort! » et que

Bravida, l'arrière-garde, se retournait saisi d'inquiétude :

« Qué diable est-ce qu'on entend derrière nous ?... ça siffle, ça galope, puis ça s'arrête.... »
L'idée du chamois furieux, se jetant sur les chasseurs, ne lui sortait pas de l'esprit, à ce vieux guerrier. Tout bas, pour ne pas effrayer les autres, il fit part de ses craintes à Tartarin qui, bravement, prit sa place à l'arrière-garde et marcha la tête haute, trempé jusqu'aux os, avec la détermination muette que donne l'imminence d'un danger. Par exemple, rentré à l'auberge, lorsqu'il vit ses chers alpinistes à l'abri, en train de s'étriller, de s'essorer autour d'un énorme poêle en faïence, dans la chambre du premier étage où montait l'odeur du grog au vin commandé, le président s'écouta frissonner et déclara, très pâle : « Je crois bien que j'ai pris le mal.... »

« Prendre le mal ! » expression de terroir sinistre dans son vague et sa brièveté, qui dit toutes les maladies, peste, choléra, vomito négro, les noires, les jaunes, les foudroyantes, dont se croit atteint le Tarasconnais à la moindre indisposition.

Tartarin avait pris le mal ! Il n'était plus question de repartir, et la délégation ne demandait que le repos. Vite, on fit bassiner le lit, on pressa le vin chaud, et, dès le second verre, le président sentit par tout son corps douillet une chaleur, un picotis de bon augure. Deux oreillers dans le dos, un « plumeau » sur les pieds, son passe-montagne serrant la tête, il éprouvait un bien être délicieux à écouter les rugissements de la tempête, dans la bonne odeur de sapin de cette pièce rustique aux murs en bois, aux petites vitres plombées, à regarder ses chers alpinistes pressés autour du lit, le verre en main, avec les tournures hétéroclites que donnaient à leurs types gaulois, sarrasins ou romains les courtines, rideaux, tapis dont ils s'étaient affublés, tandis que leurs vêtements fumaient devant le poêle. S'oubliant lui-même, il les questionnait d'une voix dolente :

« Etes-vous bien, Placide ?... Spiridion, vous sembliez souffrir tout à l'heure ?... »

Non, Spiridion ne souffrait plus ; cela lui avait passé en voyant le président si malade. Bravida, qui accommodait la morale aux proverbes de son pays, ajouta cyniquement : « Mal de voisin réconforte et même guérit!... » Puis ils parlèrent de leur chasse, s'échauffant au souvenir de certains épisodes dangereux, ainsi quand la bête s'était retournée, furieuse; et sans complicité de mensonge, bien ingénument, ils fabriquaient déjà la fable qu'ils raconteraient au retour.

Soudain, Pascalon, descendu pour aller chercher une nouvelle tournée de grog, apparut tout effaré, un bras nu hors du rideau à fleurs bleues qu'il ramenait contre lui d'un geste pudique à la Polyeucte. Il fut plus d'une seconde sans pouvoir articuler tout bas, l'haleine courte : « Le chamois!...

— Eh bien, le chamois ?...
— Il est en bas, à la cuisine.... Il se chauffe!...
— Ah! vaï....
— Tu badines!...
— Si vous alliez voir, Placide ? »

Bravida hésitait. Excourbaniès descendit sur la pointe du pied, puis revint presque tout de suite, la figure bouleversée.... De plus en plus fort!... le chamois buvait du vin chaud.

On lui devait bien cela, à la pauvre bête, après la course folle qu'elle avait fournie dans la montagne, tout le temps relancée ou rappelée par son maître qui, d'ordinaire se contentait de la faire évoluer dans la salle pour montrer aux voyageurs comme elle était d'un facile dressage.

« C'est écrasant ! » dit Bravida, n'essayant plus de comprendre, tandis que Tartarin enfonçait le passe-montagne en casque à mèche sur ses yeux pour cacher aux délégués la douce hilarité qui le gagnait en rencontrant à chaque étape, avec ses trucs et ses comparses, la Suisse rassurante de Bompard.

..... Un Tartarin gigantesque se dessine sur le ciel .....

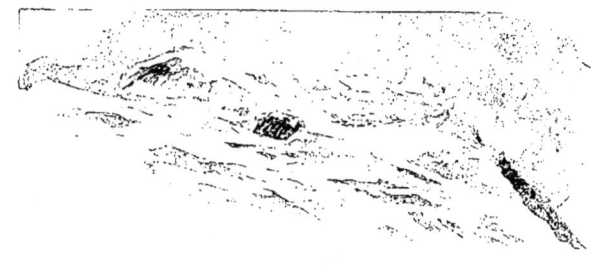

X

L'ascension de la Jungfrau. — Vé, les bœufs! — Les crampons Kennedy ne marchent pas, la lampe à chalumeau non plus. — Apparition d'hommes masqués au châlet du Club Alpin. — Le président dans la crevasse. — Il y laisse ses lunettes. — Sur les cimes! — Tartarin devenu dieu.

Grande affluence, ce matin-là, à l'hôtel Bellevue, sur la petite Scheideck. Malgré la pluie et les rafales, on avait dressé les tables dehors, à l'abri de la véranda, parmi tout un étalage d'alpenstocks, gourdes, longues-vues, coucous en bois sculpté, et les touristes pouvaient en déjeunant contempler, à gauche, à quelque deux mille mètres de profondeur, l'admirable vallée de Grindelwald ; à droite, celle de Lauterbrunnen, et en face, à une portée de fusil, semblait-il, les pentes immaculées, grandioses, de la Jungfrau, ses névés, ses glaciers, toute cette blancheur réverbérée illuminant l'air alentour, faisant les verres encore plus transparents, les nappes encore plus blanches.

Mais, depuis un moment, l'attention générale se trouvait distraite par une caravane tapageuse et barbue qui venait d'arriver à cheval, à mulet, à âne, même en chaise à porteurs, et se préparait à l'escalade par un déjeuner copieux, plein d'entrain, dont le vacarme contrastait avec les airs ennuyés, solennels, des Riz et Pruneaux très illustres réunis à la Scheideck : lord Chipendale, le sénateur belge et sa famille, le diplomate austro-hongrois, d'autres encore. On aurait pu croire que tous ces gens barbus attablés ensemble allaient tenter l'ascension, car ils s'occupaient à tour de rôle des préparatifs de départ, se levaient, se précipitaient pour aller faire des recommandations aux guides, inspecter les provisions, et, d'un bout de la terrasse à l'autre, ils s'interpellaient de cris terribles :

« Hé! Placide, *ré* la terrine si elle est dans le

sac ! — N'oubliez pas la lampe à chalumeau, au *mouains*. »

Au départ, seulement, on vit qu'il s'agissait d'une simple conduite, et que, de toute la caravane, un seul allait monter, mais quel un !

« Enfants, y sommes-nous? » dit le bon Tartarin d'une voix triomphante et joyeuse où ne tremblait pas l'ombre d'une inquiétude pour les dangers possibles du voyage, son dernier doute sur le truquage de la Suisse s'étant dissipé le matin même devant les deux glaciers de Grindelwald, précédés chacun d'un guichet et d'un tourniquet avec cette inscription : « Entrée du glacier : un franc cinquante. »

Il pouvait donc savourer sans regret ce départ en apothéose, la joie de se sentir regardé, envié, admiré par ces effrontées petites misses à coiffures étroites de jeunes garçons, qui se moquaient si gentiment de lui au Rigi-Kulm et, à cette heure, s'enthousiasmaient en comparant ce petit homme avec l'énorme montagne qu'il allait gravir. L'une faisait son portrait sur un album; celle-ci tenait à honneur de toucher son alpenstock. « Tchimppegne!.. tchimppegne!.. » s'écria tout à coup un long, funèbre Anglais au teint briqueté s'approchant le verre et la bouteille en mains. Puis, après avoir obligé le héros à trinquer :

« Lord Chipendale, sir.... Et vô?
— Tartarin de Tarascon.

— Oh! yes... Tarterine.... Il était très joli nom pour un cheval... » dit le lord, qui devait être quelque fort sportsman d'outre-Manche.

Le diplomate austro-hongrois vint aussi serrer la main de l'Alpiniste entre ses mitaines, se souvenant vaguement de l'avoir entrevu à quelque endroit : « Enchanté!... enchanté!... » ânonna-t-il plusieurs fois, et, ne sachant plus comment en sortir, il ajouta : « Compliments à madame... »

sa formule mondaine pour brusquer les présentations.

Mais les guides s'impatientaient, il fallait atteindre avant le soir la cabane du Club Alpin où l'on couche en première étape, il n'y avait pas une minute à perdre. Tartarin le comprit, salua d'un geste circulaire, sourit paternellement aux malicieuses misses, puis, d'une voix tonnante :

« Pascalon, la bannière! »

Elle flotta, les méridionaux se découvrirent, car on aime le théâtre, à Tarascon; et sur le cri vingt fois répété : « Vive le président!... Vive Tartarin... Ah! Ah!..... *fèn dé brut...* » la colonne s'ébranla, les deux guides en tête, portant le sac, les provisions, des fagots de bois, puis Pascalon tenant l'oriflamme, enfin le P. C. A. et les délégués qui devaient l'accompagner jusqu'au glacier du Guggi. Ainsi déployé en procession avec son claquement de drapeau sur ces fonds mouillés, ces crêtes dénudées ou neigeuses, le cortège évoquait vaguement le jour des morts à la campagne.

Tout à coup le commandant cria fort alarmé :
« Vé, les bœufs! »

On voyait quelque bétail broutant l'herbe rase dans les ondulations de terrain. L'ancien militaire avait de ces animaux une peur nerveuse, insurmontable et, comme on ne pouvait le laisser seul, la délégation dut s'arrêter. Pascalon transmit l'étendard à l'un des guides; puis, sur une dernière étreinte, des recommandations bien rapides, l'œil aux vaches :

« Et adieu, *qué!*

— Pas d'imprudence au *mouains....* » ils se séparèrent. Quant à proposer au président de monter avec lui, pas un n'y songea ; c'était trop haut, *boufre!* A mesure qu'on approchait, cela grandissait encore, les abimes se creusaient, les pics se hérissaient dans un blanc chaos que l'on eût dit infranchissable. Il valait mieux regarder l'ascension, de la Scheideck.

De sa vie, naturellement, le président du Club des Alpines n'avait mis les pieds sur un glacier. Rien de semblable dans les montagnettes de Tarascon embaumées et sèches comme un paquet de vétiver; et cependant les abords du Guggi lui donnaient une sensation de déjà vu, éveillaient le souvenir de chasses en Provence, tout au bout de la Camargue, vers la mer. C'était la même herbe toujours plus courte, grillée, comme roussie au feu. Çà et là des flaques d'eau, des infiltrations trahies de roseaux grêles, puis la moraine, comme une dune mobile de sable, de coquilles brisées, d'escarbilles, et, au bout, le glacier aux vagues bleu-vert, crêtées de blanc, moutonnantes comme des flots silencieux et figés. Le vent qui venait de là, sifflant et dur, avait aussi le mordant, la fraîcheur salubre des brises de mer.

« Non, merci... J'ai mes crampons... » fit Tartarin au guide lui offrant des chaussons de laine pour passer sur ses bottes... Crampons Kennedy... perfectionnés... très commodes... » Il criait comme pour un sourd, afin de se mieux faire comprendre de Christian Inebnit, qui ne savait pas plus de français que son camarade Kaufmann; et en même temps, assis sur la moraine, il fixait par leurs courroies des espèces de socques ferrés de trois énormes et fortes pointes. Cent fois il les avait expérimentés, ces crampons Kennedy, manœuvrés dans le jardin du baobab; néanmoins, l'effet fut inattendu. Sous le poids du héros, les pointes s'enfoncèrent dans la glace avec tant de force que toutes les tentatives pour les retirer furent vaines. Voilà Tartarin cloué au sol, suant, jurant, faisant des bras et de l'alpenstock une télégraphie désespérée, réduit enfin à rappeler ses guides qui s'en allaient devant, persuadés qu'ils avaient affaire à un alpiniste expérimenté.

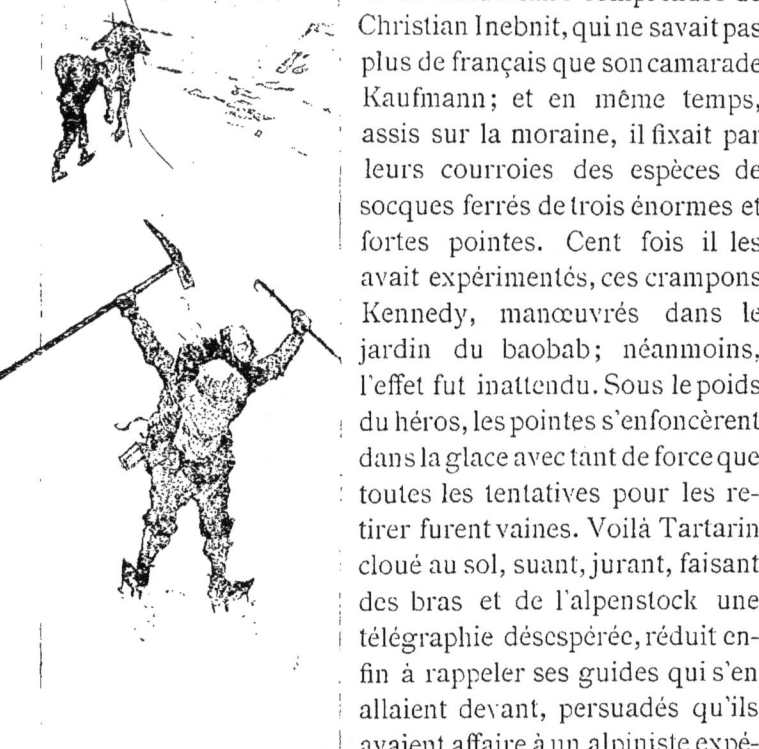

Dans l'impossibilité de le déraciner, on défit les courroies, et les crampons abandonnés dans la glace, remplacés par une paire de chaussons tricotés, le président continua sa route, non sans beaucoup de peine et de fatigue. Inhabile à tenir son bâton, il y butait des jambes, le fer patinait, l'entraînait quand il s'appuyait trop fort ; il essaya du piolet, plus dur encore à manœuvrer, la houle du glacier s'accentuant à mesure, bousculant l'un par-dessus l'autre ses flots immobiles dans une apparence de tempête furieuse et pétrifiée.

Immobilité apparente, car des craquements sourds, de monstrueux borborygmes, d'énormes quartiers de glace se déplaçant avec lenteur comme les pièces truquées d'un décor, indiquaient l'intérieure vie de toute cette masse figée, ses traîtrises d'élément ; et sous les yeux de l'Alpiniste, au jeté de son pic, des crevasses se fendaient, des puits sans fond où les glaçons en débris roulaient indéfiniment. Le héros tomba à plusieurs reprises, une fois jusqu'à mi-corps, dans un de ces goulots verdâtres où ses larges épaules le retinrent au passage.

A le voir si maladroit et en même temps si tranquille et sûr de lui, riant, chantant, gesticulant comme tout à l'heure pendant le déjeuner, les guides s'imaginèrent que le champagne suisse l'avait impressionné. Pouvaient-ils supposer autre chose d'un président de Club Alpin, d'un ascensionniste renommé dont ses camarades ne parlaient qu'avec des « Ah! » et de grands gestes? L'ayant pris chacun sous un bras avec la fermeté respectueuse de policemen mettant en voiture un fils de famille éméché, ils tâchaient, à l'aide de monosyllabes et de gestes, d'éveiller sa raison aux dangers de la route, à la nécessité de gagner la cabane avant la nuit; le menaçaient des crevasses, du froid, des avalanches. Et, de la pointe de leurs piolets, ils lui montraient l'énorme accumulation des glaces, les névés en mur incliné devant eux jusqu'au zénith dans une réverbération aveuglante.

Mais le bon Tartarin se moquait bien de tout cela : « Ah! vaï, les crevasses.... Ah! vaï, les avalanches... » et il pouffait de rire en clignant de l'œil, leur envoyait des coups de coudes dans les côtes pour bien faire comprendre à ses guides qu'on ne l'abusait pas, qu'il était dans le secret de la comédie.

Les autres finissaient par s'égayer à l'entrain des chansons tarasconnaises, et, quand ils posaient une minute sur un bloc solide pour permettre au monsieur de reprendre haleine, ils *yodlaient* à la mode suisse, mais pas bien fort, de crainte des avalanches, ni bien longtemps, car l'heure s'avançait. On sentait le soir proche, au froid plus vif et surtout à la décoloration singulière de toutes ces neiges, ces glaces amoncelées, surplombantes, qui, même sous un ciel brumeux, gardent un irisement de lumière, mais, lorsque le jour s'éteint, remonté vers les cimes fuyantes, prennent des teintes livides, spectrales, de monde lunaire. Pâleur, congélation, silence, toute la mort. Et le bon Tartarin, si chaud, si vivant, commençait pourtant à perdre sa verve, quand un cri lointain d'oiseau, le rappel d'une « perdrix des neiges » sonnant dans cette désolation, fit passer devant ses yeux une campagne brûlée et, sous le couchant couleur de braise, des chasseurs tarasconnais s'épongeant le front, assis sur leurs carniers vides, dans l'ombre fine d'un olivier. Ce souvenir le réconforta.

En même temps, Kaufmann lui montrait au-dessus d'eux quelque chose ressemblant à un fagot de bois sur la neige. « *Die Hütte.* » C'était la cabane. Il semblait qu'on dût l'atteindre en quelques enjambées, mais il fallait encore une bonne demi-heure de marche. L'un des guides alla devant pour allumer le feu. La nuit descendait maintenant, la bise piquait sur le sol cadavérique ; et Tartarin, ne se rendant plus bien compte des choses, fortement soutenu par le bras du montagnard, butait, bondissait, sans un fil sec sur la peau malgré l'abaissement de la température. Tout à coup une flamme jaillit à quelques pas, portant une bonne odeur de soupe à l'oignon.

On arrivait.

Rien de plus rudimentaire que ces haltes établies dans la montagne par les soins du Club Alpin Suisse. Une seule pièce dont un plan de bois dur incliné, servant de lit, tient presque tout l'espace, n'en laissant que fort peu pour le fourneau et la table longue clouée au parquet comme les bancs qui l'entourent. Le couvert était déjà mis, trois bols, des cuillers d'étain, la lampe à chalumeau pour le café, deux conserves de Chicago ouvertes. Tartarin, trouva le dîner délicieux bien que la soupe à l'oignon empestât la fumée et que la fameuse lampe à chalumeau brevetée, qui devait parfaire son litre de café en trois minutes, n'eût jamais voulu fonctionner.

Au dessert, il chanta ; c'était sa seule façon de

causer avec ses guides. Il chanta des airs de son pays: *la Tarasque, les Filles d'Avignon.* Les guides répondaient par des chansons locales en patois allemand : « *Mi Vater isch en Appenzeller... aou... aou...* » Braves gens aux traits durs et frustes, taillés en pleine roche, avec de la barbe dans les creux qui semblait de la mousse, de ces yeux clairs, habitués aux grands espaces, comme en ont les matelots ; et cette sensation de la mer et du large qu'il avait tout à l'heure en approchant du Guggi, Tartarin la retrouvait ici, en face de ces marins du glacier, dans cette cabane étroite, basse et fumeuse, vrai entrepont de navire, dans l'égouttement de la neige du toit qui fondait à la chaleur, et les grands coups de vent tombant en paquet d'eau, secouant tout, faisant  craquer les planches, vaciller la flamme de la lampe, et s'arrêtant tout à coup sur un silence énorme, monstrueux, de fin du monde.

On achevait de dîner, quand des pas lourds sur le sol opaque, des voix s'approchèrent. Des bourrades violentes ébranlèrent la porte. Tartarin, très ému, regarda ses guides.... Une attaque nocturne à ces hauteurs!... Les coups redoublèrent.

« Qui va là? » fit le héros sautant sur son piolet; mais déjà la cabane était envahie par deux Yankees gigantesques masqués de toile blanche, les vêtements trempés de sueur et de neige, puis, derrière eux, des guides, des porteurs, toute une caravane qui venait de faire l'ascension de la Jungfrau.

« Soyez les bienvenus, milords, » dit le Tarasconnais avec un geste large et dispensateur dont les milords n'avaient nul besoin pour prendre leurs aises. En un tour de main, la table fut investie, le couvert enlevé, les bols et les cuillers passés à l'eau chaude pour servir aux arrivants, selon la règle établie en tous ces chalets alpins; les bottes des milords fumaient devant le poêle, pendant qu'eux-mêmes, déchaussés, les pieds enveloppés de paille, s'étalaient devant une nouvelle soupe à l'oignon.

Le père et le fils, ces Américains; deux géants roux, têtes de pionniers, dures et volontaires. L'un d'eux le plus âgé, avait dans sa face boursouflée, hâlée, craquelée, des yeux dilatés, tout blancs ; et bientôt, à son hésitation tâtonnante autour de la cuiller et du bol, aux soins que son fils prenait de lui, Tartarin comprit que c'était le fameux alpiniste aveugle dont on lui avait parlé à l'hôtel Bellevue et auquel il ne voulait pas croire, grimpeur fameux dans sa jeunesse, qui, malgré ses soixante ans et son infirmité recommençait avec son fils toutes ses courses d'autrefois. Il avait déjà fait ainsi le Wetterhorn et la Jungfrau, comptait attaquer le Cervin et le Mont-Blanc, prétendant que l'air des cimes, cette aspiration froide à goût de neige, lui causait une joie indicible, tout un rappel de sa vigueur passée.

« Différemment, demandait Tartarin à l'un des porteurs, car les Yankees n'étaient pas communicatifs et ne répondaient que *yes* et *no* à toutes ses avances.... différemment, puisqu'il n'y voit pas, comment s'arrange-t-il aux passages dangereux?

— Oh! il a le pied montagnard, puis son fils est là qui le veille, lui place les talons.... Le fait est qu'il s'en tire toujours sans accident.

— D'autant que les accidents ne sont jamais bien terribles, *qué?* » Après un sourire d'entente au porteur ahuri, le Tarasconnais, persuadé de plus en plus que « tout ça c'était de la blague », s'allongea sur la planche, roulé dans sa couverture, le passe-montagne jusqu'aux yeux, et s'endormit, malgré la lumière, le train, la fumée des pipes et l'odeur de l'oignon....

« Mossié !... Mossié !... »

Un de ses guides le secouait pour le départ pendant que l'autre versait du café bouillant dans les bols. Il y eut quelques jurons, des grognements de dormeurs que Tartarin écrasait au passage pour gagner la table, puis la porte. Brusquement, il se trouva dehors, saisi de froid, ébloui par la réverbération féerique de la lune sur ces blanches nappes, ces cascades figées où l'ombre des pics, des aiguilles, des séracs, se découpait d'un noir intense. Ce n'était plus l'étincelant chaos de l'après-midi, ni le livide amoncellement des teintes grises du soir, mais une ville accidentée de ruelles sombres, de coulées mystérieuses, d'angles douteux entre des monuments de marbre et des ruines effritées, une ville morte avec de larges places désertes.

Deux heures ! En marchant bien on serait là-haut pour midi. « Zou ! » dit le P. C. A. tout gaillard et s'élançant comme à l'assaut. Mais ses guides l'arrêtèrent ; il fallait s'attacher pour ces passages périlleux.

« Ah! *vaï*, s'attacher?... Enfin, si ça vous amuse... »

Christian Inebnit prit la tête, laissant trois mètres de corde entre lui et Tartarin qu'une même distance séparait du second guide chargé des provisions et de la bannière. Le Tarasconnais se tenait mieux que la veille, et, vraiment, il fallait que sa conviction fût faite pour qu'il ne prit pas au sérieux les difficultés de la route; si l'on peut appeler route la terrible arête de glace sur laquelle ils avançaient avec  précaution, large de quelques centimètres et tellement glissante que le piolet de Christian devait y tailler des marches.

La ligne de l'arête étincelait entre deux profondeurs d'abîmes Mais si vous croyez que Tartarin avait peur; pas plus! A peine le petit frisson à fleur de peau du franc-maçon novice auquel on fait subir les premières épreuves. Il se posait très exactement dans les trous creusés par le guide de tête, faisait tout ce qu'il lui voyait faire, aussi tranquille que dans le jardin du baobab lorsqu'il s'exerçait autour de la margelle, au grand effroi des poissons rouges. Un moment la crête devint si étroite, qu'il fallut se mettre à califourchon, et, pendant qu'ils allaient lentement, s'aidant des mains, une formidable détonation retentit à droite, au-dessous d'eux. « Avalanche! » dit Inebnit, immobile tant que dura la répercussion des échos, nombreuse, grandiose à remplir le ciel, et terminée par un long roulement de foudre qui s'éloigne ou qui tombe en détonations perdues. Après, le silence s'étala de nouveau, couvrit tout comme un suaire.

L'arête franchie, ils s'engagèrent sur un névé de pente assez douce, mais d'une longueur interminable. Ils grimpaient depuis plus d'une heure, quand une mince ligne rose commença à marquer les cimes, là haut, bien haut sur leurs têtes. C'était le matin qui s'annonçait. En bon Méridional ennemi de l'ombre, Tartarin entonnait son chant d'allégresse :

> *Grand souleù de la Provenço*
> *Gai compaire dou mistrau*[1]...

Une brusque secouée de la corde par devant et

---

[1]. Grand soleil de la Provence, — Gai compère du mistral.

par derrière l'arrêta net au milieu de son couplet. « Chut!... chut!... » faisait Inebnit montrant du bout de son piolet la ligne menaçante des séracs gigantesques et tumultueux, aux assises branlantes, et dont la moindre secousse pouvait déterminer l'éboulement. Mais le Tarasconnais savait à quoi s'en tenir; ce n'est pas à lui qu'il fallait pousser de pareilles bourdes, et, d'une voix retentissante, il reprit

Tu qu'escoulès la Durenço
Commo un flot dé vin de Crau¹.

Les guides, voyant qu'ils n'auraient pas raison de l'enragé chanteur, firent un grand détour pour s'éloigner des séracs et, bientôt, furent arrêtés par une énorme crevasse qu'éclairait en profondeur, sur les parois d'un vert glauque, le furtif et premier rayon du jour. Ce qu'on appelle un « pont de neige » la surmontait, si mince, si fragile, qu'au premier pas il s'éboula dans un tourbillon de poussière blanche, entraînant le premier guide et Tartarin suspendus à la corde que Rodolphe Kaufmann, le guide d'arrière, se trouvait seul à soutenir, cramponné de toute sa vigueur de montagnard à son piolet profondément enfoncé dans la glace. Mais s'il pouvait retenir les deux

---

1 Toi qui siffles la Durance — Comme un coup de vin de Crau.

hommes sur le gouffre, la force lui manquait pour les en retirer, et il restait accroupi, les dents serrées, les muscles tendus, trop loin de la crevasse pour voir ce qui s'y passait.

D'abord abasourdi par la chute, aveuglé de neige, Tartarin s'était agité une minute des bras et des jambes en d'inconscientes détentes, comme un pantin détraqué ; puis, redressé au moyen de la corde, il pendait sur l'abîme, le nez à cette paroi de glace que lissait son haleine, dans la posture d'un plombier en train de ressouder des tuyaux de descente. Il voyait au-dessus de lui pâlir le ciel, s'effacer les dernières étoiles, au-dessous s'approfondir le gouffre en d'opaques ténèbres d'où montait un souffle froid.

Tout de même, le premier étourdissement passé, il retrouva son aplomb, sa belle humeur :

« Eh ! là-haut, père Kaufmann, ne nous laissez pas moisir ici, *qué !* il y a des courants d'air, et puis cette sacrée corde nous coupe les reins. »

Kaufmann n'aurait su répondre ; desserrer les dents, c'eût été perdre sa force. Mais Inebnit criait du fond :

« Mossié !... Mossié !... piolet.... » car le sien s'était perdu dans la chute ; et le lourd instrument passé des mains de Tartarin dans celles du guide, difficilement à cause de la distance qui séparait les deux pendus, le montagnard s'en servit pour entailler la glace devant lui d'encoches où cramponner ses pieds et ses mains.

Le poids de la corde ainsi affaibli de moitié, Rodolphe Kaufmann, avec une vigueur calculée, des précautions infinies, commença à tirer vers lui le président dont la casquette tarasconnaise parut enfin au bord de la crevasse. Inebnit reprit pied à son tour, et les deux montagnards se retrouvèrent avec l'effusion aux paroles courtes qui suit les grands dangers chez ces gens d'élocution difficile; ils étaient émus, tout tremblants de l'effort; Tartarin dut leur passer sa gourde de kirsch pour raffermir leurs jambes. Lui paraissait dispos et calme, et tout en se secouant, battant la semelle en mesure, il fredonnait au nez des guides ébahis

« Brav.... brav.... Franzose.... » disait Kaufmann lui tapant sur l'épaule ; et Tartarin avec son beau rire :

« Farceur, je savais bien qu'il n'y avait pas de danger.... »

De mémoire de guide, on n'avait vu un alpiniste pareil.

Ils se remirent en route, grimpant à pic une sorte de mur de glace gigantesque de six à huit cents mètres où l'on creusait les degrés à mesure, ce qui prenait beaucoup de temps. L'homme de Tarascon commençait à se sentir à bout de forces sous le brillant soleil que réverbérait toute la blancheur du paysage, d'autant plus fatigante pour ses yeux qu'il avait laissé ses lunettes dans le gouffre. Bientôt une affreuse défaillance le saisit, ce mal des montagnes qui produit les mêmes effets que le mal de mer. Éreinté, la tête vide, les jambes molles, il manquait les pas et ses guides durent l'empoigner, chacun d'un côté, comme la veille, le soutenant, le hissant jusqu'en haut du mur de glace. Alors cent mètres à peine les séparaient du sommet de la Jungfrau ; mais, quoique la neige se fît dure et résistante, le chemin plus facile, cette dernière étape leur prit un temps interminable, la fatigue et la suffocation du P. C. A. augmentant toujours.

Tout à coup les montagnards le lâchèrent et,

agitant leurs chapeaux, se mirent à *yodler* avec transport. On était arrivé. Ce point dans l'espace immaculé, cette crête blanche un peu arrondie, c'était le but, et pour le bon Tartarin la fin de la torpeur somnambulique dans laquelle il vaguait depuis une heure.

« Scheideck! Scheideck! » criaient les guides lui montrant tout en bas, bien loin, sur un plateau de verdure émergeant des brumes de la vallée, l'hôtel Bellevue guère plus gros qu'un dé à jouer.

De là jusque vers eux s'étalait un panorama admirable, une montée de champs de neige dorés, orangés par le soleil, ou d'un bleu profond et froid, un amoncellement de glaces bizarrement structurées en tours, en flèches, en aiguilles, arêtes, bosses gigantesques, à croire que dormait dessous le mastodonte ou le mégathérium disparus. Toutes les teintes du prisme s'y jouaient, s'y rejoignaient dans le lit de vastes glaciers roulant leurs cascades immobiles, croisées avec d'autres petits torrents figés dont l'ardeur du soleil liquéfiait les surfaces plus brillantes et plus unies. Mais à la grande hauteur, cet étincellement se calmait, une lumière flottait, écliptique et froide, qui faisait frissonner Tartarin autant que la sensation de silence et de solitude de tout ce blanc désert aux replis mystérieux.

Un peu de fumée, de sourdes détonations montèrent de l'hôtel. On les avait vus, on tirait le canon en leur honneur, et la pensée qu'on le regardait, que ses alpinistes étaient là, les misses, Riz et Pruneaux illustres, avec leurs lorgnettes braquées, rappela Tartarin à la grandeur de sa mission. Il t'arracha des mains du guide, ô bannière tarasconnaise, te fit flotter deux ou trois fois; puis, enfonçant son piolet dans la neige, s'assit sur le fer de la pioche, bannière au poing, superbe, face au public. Et, sans qu'il s'en aperçût, par une de ces répercussions spectrales fréquentes aux cimes, pris entre le soleil et les brumes qui s'élevaient derrière lui, un Tartarin gigantesque se dessina dans le ciel, élargi et trapu, la barbe hérissée hors du passe-montagne, pareil à un de ces dieux scandinaves que la légende se figure trônant au milieu des nuages.

Le petit cimetière dans les roses, au bord du lac.

XI

En route pour Tarascon! — Le lac de Genève. — Tartarin propose une visite au cachot de Bonnivard. — Court dialogue au milieu des roses. — Toute la bande sous les verrous. — L'infortuné Bonnivard. — Où se retrouve une certaine corde fabriquée en Avignon.

A la suite de l'ascension, le nez de Tartarin pela, bourgeonna, ses joues se craquelèrent. Il resta chambré pendant cinq jours à l'hôtel Bellevue. Cinq jours de compresses, de pommades, dont il trompait la fadeur gluante et l'ennui en faisant des parties de quadrette avec les délégués ou leur dictant un long récit détaillé, circonstancié, de son expédition, pour être lu en séance au Club des Alpines et publié dans le *Forum;* puis, lorsque la courbature générale eut disparu et qu'il ne resta plus sur le noble visage du P. C. A. que quelques ampoules, escarres, gerçures, avec une belle teinte de poterie étrusque, la délégation et son président se remirent en route pour Tarascon, viâ Genève.

Passons sur les épisodes du voyage, l'effarement que jeta la bande méridionale dans les wagons étroits, les paquebots, les tables d'hôte, par ses chants, ses cris, son affectuosité débordante, et sa bannière, et ses alpenstocks; car depuis l'ascension du P. C. A., ils s'étaient tous munis de ces bâtons de montagne, où les noms d'escalades célèbres s'enroulent, marqués au feu, en vers de mirlitons.

Montreux!

Ici, les délégués, sur la proposition du maître, décidaient de faire halte un ou deux jours pour visiter les bords fameux du Léman, Chillon, surtout, et son cachot légendaire dans lequel languit le grand patriote Bonnivard et qu'ont illustré Byron et Delacroix.

Au fond, Tartarin se souciait fort peu de Bonnivard, son aventure avec Guillaume Tell l'ayant éclairé sur les légendes suisses; mais passant à

Interlaken, il avait appris que Sonia venait de partir pour Montreux avec son frère dont l'état s'aggravait, et cette invention d'un pèlerinage historique lui servait de prétexte pour revoir la jeune fille encore une fois, se montrer à elle dans l'éclat de son triomphe et, qui sait, la décider peut-être à le suivre à Tarascon.

Bien entendu, ses compagnons croyaient de la meilleure foi du monde qu'ils venaient rendre hommage au grand citoyen genevois dont le P. C. A. leur avait raconté l'histoire; même, avec leur goût pour les manifestations théâtrales, sitôt débarqués à Montreux, ils auraient voulu se mettre en file, déployer la bannière et marcher sur Chillon aux cris mille fois répétés de « Vive Bonnivard ! » Le président fut obligé de les calmer. « Déjeunons d'abord, nous verrons ensuite.... » Et ils emplirent l'omnibus d'une pension Müller quelconque, stationné, ainsi que beaucoup d'autres, autour du ponton de débarquement.

« *Vé* le gendarme, comme il nous regarde ! » dit Pascalon, montant le dernier avec la bannière toujours très mal commode à installer. Et Bravida inquiet : « C'est vrai.... Qu'est-ce qu'il nous veut, ce gendarme, de nous examiner comme ça ?...

— Il m'a reconnu, pardi! » fit le bon Tartarin modestement; et il souriait de loin au soldat de la police vaudoise dont la longue capote bleue se tournait avec obstination vers l'omnibus filant entre les peupliers du rivage.

Il y avait marché, ce matin-là, à Montreux. Des rangées de petites boutiques en plein vent le long du lac, étalages de fruits, de légumes, de dentelles à bon marché et de ces bijouteries claires, chaînes, plaques, agrafes, dont s'ornent les costumes des Suissesses comme de neige travaillée ou de glace en perles. A cela se mêlait le train du petit port où s'entrechoquait toute une flottille de canots de plaisance aux couleurs vives, le transbordement des sacs et des tonneaux débarqués des grandes brigantines aux voiles en antennes, les rauques sifflements, les cloches des paquebots, et le mouvement des cafés, des brasseries, des fleuristes, des brocanteurs qui bordent le quai. Un coup de soleil là-dessus, on aurait pu se croire à la marine de quelque station méditerranéenne, entre Menton et Bordighera. Mais le soleil manquait et les Tarasconnais regardaient ce joli pays à travers une buée d'eau qui montait du lac bleu, grimpait les rampes, les petites rues caillouteuses, rejoignait au-dessus des maisons en étage d'autres nuages noirs amoncelés entre les sombres verdures de la montagne, chargés de pluie à en crever.

« Coquin de sort! Je ne suis pas lacustre, dit Spiridion Excourbaniès essuyant la vitre pour regarder les perspectives de glaciers, de vapeurs blanches fermant l'horizon en face....

— Moi non plus, soupira Pascalon... ce brouillard, cette eau morte... ça me donne envie de pleurer. »

Bravida se plaignait aussi, craignant pour sa goutte sciatique.

Tartarin les reprit sévèrement. N'était-ce donc rien que raconter au retour qu'ils avaient vu le cachot de Bonnivard, inscrit leurs noms sur des murailles historiques à côté des signatures de Rousseau, de Byron, Victor Hugo, George Sand, Eugène Sue. Tout à coup, au milieu de sa tirade, le président s'interrompit, changea de couleur.... Il venait de voir passer une petite toque sur des cheveux blonds en torsade.... Sans même arrêter l'omnibus ralenti par la montée, il s'élança, criant: « Rendez-vous à l'hôtel.... » aux alpinistes stupéfaits.

« Sonia...! Sonia...! »

Il craignait de ne pouvoir la rejoindre, tant elle se pressait, sa fine silhouette en ombre sur le murtin de la route. Elle se retourna, l'attendit: « Ah! c'est vous.... » Et sitôt le serrement de mains, elle se remit à marcher. Il prit le pas à côté d'elle, essoufflé, s'excusant de l'avoir quittée d'une façon si brusque... l'arrivée de ses amis... la nécessité de l'ascension dont sa figure portait encore les traces.... Elle l'écoutait sans rien dire, sans le regarder, pressant le pas, l'œil fixe et tendu. De profil, elle lui semblait pâlie, les traits déveloutés de leur candeur enfantine, avec quelque chose de dur, de résolu, qui, jusqu'ici, n'avait existé que dans sa voix, sa volonté impérieuse;

mais toujours sa grâce juvénile, sa chevelure en or frisé.

« Et Boris, comment va-t-il ? » demanda Tartarin un peu gêné par ce silence, cette froideur qui le gagnait.

« Boris ?... » Elle tressaillit : « Ah ! oui, c'est vrai, vous ne savez pas.... Eh bien ! venez, venez.... »

Ils suivaient une ruelle de campagne bordée de vignes en pente jusqu'au lac, et de villas, de jardins sablés, élégants, les terrasses chargées de vigne vierge, fleuries de roses, de pétunias et de myrtes en caisses. De loin en loin ils croisaient quelque visage étranger, aux traits creusés, au regard morne, la démarche lente et malade, comme on en rencontre à Menton, à Monaco ; seulement, là-bas, la lumière dévore tout, absorbe tout, tandis que sous ce ciel nuageux et bas, la souffrance se voyait mieux, comme les fleurs paraissaient plus fraîches.

« Entrez... » dit Sonia poussant la grille sous un fronton de maçonnerie blanche marqué de caractères russes en lettres d'or.

Tartarin ne comprit pas d'abord où il se trouvait. Un petit jardin aux allées soignées, cailloutées, plein de rosiers grimpants jetés entre des arbres verts, de grands bouquets de roses jaunes et blanches remplissant l'espace étroit de leur arome et de leur lumière. Dans ces guirlandes, cette floraison merveilleuse, quelques dalles debout ou couchées, avec des dates, des noms, celui-ci tout neuf incrusté sur la pierre :

« *Boris de Vassilief*, 22 *ans.* »

Il était là depuis quelques jours, mort presque aussitôt leur arrivée à Montreux ; et, dans ce cimetière des étrangers, il retrouvait un peu la patrie parmi les Russes, Polonais, Suédois enterrés sous les fleurs, poitrinaires des pays froids qu'on expédie dans cette Nice du Nord, parce que le soleil du Midi serait trop violent pour eux et la transition trop brusque.

Ils restèrent un moment, immobiles et muets, devant cette blancheur de la dalle neuve sur le noir de la terre fraîchement retournée ; la jeune fille, la tête inclinée, respirait les roses foisonnantes, y calmant ses yeux rougis.

« Pauvre petite !... » dit Tartarin ému, et prenant dans ses fortes mains rudes le bout des doigts de Sonia : « Et vous, maintenant, qu'allez-vous devenir ? »

Elle le regarda bien en face avec des yeux brillants et secs où ne tremblait plus une larme :

« Moi, je pars dans une heure.

— Vous partez ?

— Bolibine est déjà à Pétersbourg.... Maniloff m'attend pour passer la frontière.... Je rentre dans la fournaise. On entendra parler de nous. » Tout bas, elle ajouta avec un demi-sourire, plantant son regard bleu dans celui de Tartarin qui fuyait, se dérobait : « Qui m'aime me suive ! »

Ah ! *vaï*, la suivre. Cette exaltée lui faisait bien trop peur ! puis ce décor funèbre avait refroidi son amour. Il s'agissait cependant de ne pas fuir comme un pleutre. Et, la main sur le cœur, en un geste d'Abencérage, le héros commença : « Vous me connaissez, Sonia.... »

Elle ne voulut pas en savoir davantage.

« Bavard !... » fit-elle avec un haussement d'épaules. Et elle s'en alla, droite et fière, entre les buissons de roses,  sans se retourner une fois.... Bavard !... pas un mot de plus, mais l'intonation était si méprisante que le bon Tartarin en rougit jusque sous sa barbe et s'assura qu'ils étaient bien seuls dans le jardin, que personne n'avait entendu.

Chez notre Tarasconnais, heureusement, les impressions ne duraient guère. Cinq minutes après, il remontait les terrasses de Montreux d'un pas allègre, en quête de la pension Müller où ses alpinistes devaient l'attendre pour déjeuner, et toute sa personne respirait un vrai soulagement, la joie d'en avoir fini avec cette liaison dangereuse. En marchant, il soulignait d'énergiques hochements de tête les éloquentes explications que Sonia n'avait pas voulu entendre et qu'il se donnait à lui-même mentalement : *Bé*, oui, certainement le despotisme... Il ne disait pas non... mais passer de l'idée à l'action, *boufre !*... Et puis, en voilà un métier de tirer sur les despotes ! Mais si tous les peuples opprimés s'adressaient à lui, comme les Arabes à Bombonnel lorsqu'une panthère rôde autour du douar, il n'y pourrait jamais suffire, *allons !*

Une voiture de louage venant à fond de train coupa brusquement son monologue. Il n'eut que le temps de sauter sur le trottoir. « Prends donc garde, animal ! » Mais son cri de colère se changea aussitôt en exclamations stupéfaites : « *Quès aco !... Boudiou !...* Pas possible !... » Je vous donne en mille de deviner ce qu'il venait de voir dans ce vieux landau. La délégation, la délégation au grand complet, Bravida, Pascalon, Excourbaniès, empilés sur la banquette du fond, pâles, défaits, égarés, sortant d'une lutte, et deux gendarmes en face, le mousqueton au poing. Tous ces profils immobiles et muets dans le cadre étroit de la portière, tenaient du mauvais rêve ; et debout, cloué comme jadis sur la glace par ses crampons Kennedy, Tartarin regardait fuir au galop ce carrosse fantastique derrière lequel s'acharnait une volée d'écoliers sortant de classe, leurs cartables sur le dos, lorsque quelqu'un cria à ses oreilles : « Et de quatre !... » En même temps, empoigné, garrotté, ligotté, on le hissait à son tour dans un « locati » avec des gendarmes, dont un officier armé de sa latte gigantesque qu'il tenait toute droite entre ses jambes, la poignée touchant le haut de la voiture.

Tartarin voulait parler, s'expliquer. Évidemment il devait y avoir quelque méprise.... Il dit son nom, sa patrie, se réclama de son consul, d'un marchand de miel suisse nommé Ichener qu'il avait connu en foire de Beaucaire. Puis, devant le mutisme persistant de ses gardes, il crut à un nouveau truc de la féerie de Bompard, et s'adressant à l'officier d'un air malin : « C'est pour rire, *qué !*... ah ! *vaï*, farceur, je sais bien que c'est pour rire.

— Pas un mot, ou je vous bâillonne.... » dit l'officier roulant des yeux terribles, à croire qu'il allait passer le prisonnier au fil de sa latte.

L'autre se tint coi, ne bougea plus, regardant se dérouler à la portière des bouts de lac, de hautes montagnes d'un vert humide, des hôtels aux toitures variées, aux enseignes dorées visibles d'une lieue, et, sur les pentes, comme au Rigi, un va-et-vient de hottes et de bourriches; comme au Rigi encore, un petit chemin de fer cocasse, un dangereux jouet mécanique qui se cramponnait à pic jusqu'à Glion, et, pour compléter la ressemblance avec « Regina montium », une pluie rayante et battante, un échange d'eau et de brouillards du ciel au Léman et du Léman au ciel, les nuages touchant les vagues.

La voiture roula sur un pont-levis entre des petites boutiques de chamoiseries, canifs, tire-boutons, peignes de poche, franchit une poterne basse et s'arrêta dans la cour d'un vieux donjon, mangée d'herbe, flanquée de tours rondes à poivrières, à moucharabis noirs soutenus par des poutrelles. Où était-il? Tartarin le comprit en entendant l'officier de gendarmerie discuter avec le concierge du château, un gros homme en bonnet grec agitant un trousseau de clefs rouillées.

« Au secret, au secret... mais je n'ai plus de

place, les autres ont tout pris.... A moins de le mettre dans le cachot de Bonnivard.

— Mettez-le dans le cachot de Bonnivard, c'est bien assez bon pour lui... » commanda le capitaine, et il fut fait comme il avait dit.

Ce château de Chillon, dont le P. C. A. ne ces-

sait de parler depuis deux jours à ses chers alpinistes, et dans lequel, par une ironie de la destinée, il se trouvait brusquement incarcéré sans savoir pourquoi, est un des monuments historiques les plus visités de toute la Suisse. Après avoir servi de résidence d'été aux comtes de Savoie, puis de prison d'État, de dépôt d'armes et de munitions, il n'est plus aujourd'hui qu'un prétexte à excursion, comme le Rigi-Kulm ou la Tellsplatte. On y a laissé cependant un poste de gendarmerie et un « violon » pour les ivrognes et les mauvais garçons du pays ; mais ils sont si rares, dans ce paisible canton de Vaud, que le violon est toujours vide et que le concierge y renferme sa provision de bois pour l'hiver. Aussi l'arrivée de tous ces prisonniers l'avait mis de fort méchante humeur, l'idée surtout qu'il n'allait plus pouvoir faire visiter le célèbre cachot, à cette époque de l'année le plus sérieux profit de la place.

Furieux, il montrait la route à Tartarin, qui suivait, sans le courage de la moindre résistance. Quelques marches branlantes, un corridor moisi, sentant la cave, une porte épaisse comme un mur, avec des gonds énormes, et ils se trouvèrent dans un vaste souterrain voûté, au sol battu, aux lourds piliers romains où restent scellés des anneaux de fer enchainant jadis les prisonniers d'Etat. Un demi-jour tombait avec le tremblotement, le miroitement du lac à travers d'étroites meurtrières qui ne laissaient voir qu'un peu de ciel.

« Vous voilà chez vous, dit le geôlier.... Surtout, n'allez pas dans le fond, il y a les oubliettes ! »

Tartarin recula épouvanté :

« Les oubliettes, *Boudiou !*....

— Qu'est-ce que vous voulez, mon garçon !...
On m'a commandé de vous mettre dans le cachot
de Bonnivard.... Je vous mets dans le cachot de
Bonnivard.... Maintenant, si vous avez des moyens,
on pourra vous fournir quelques douceurs, par
exemple une couverture et un matelas pour la nuit.

— D'abord, à manger ! » dit Tartarin, à qui, fort
heureusement, on n'avait pas ôté sa bourse.

Le concierge revint avec un pain frais, de la
bière, un cervelas, dévorés avidement par le
nouveau prisonnier de Chillon, à jeun depuis la
veille, creusé de fatigues et d'émotions. Pendant
qu'il mangeait sur son banc de pierre dans la
lueur du soupirail, le geôlier l'examinait d'un œil
bonasse.

« Ma foi, dit-il, je ne sais pas ce que vous avez
fait ni pourquoi l'on vous traite si sévèrement....

— Eh ! coquin de sort, moi non plus, je n'en
sais rien, fit Tartarin la bouche pleine.

— Ce qu'il y a de sûr, c'est que vous n'avez pas
l'air d'un mauvais homme, et, certainement, vous
ne voudriez pas empêcher un pauvre père de famille de gagner sa vie, n'est-ce pas ?.... Eh ben,
voilà !... J'ai là haut toute une société venue pour
visiter le cachot de Bonnivard.... Si vous vouliez
me promettre de vous tenir tranquille, de ne pas
essayer de vous sauver.... »

Le bon Tartarin s'y engagea par serment, et cinq minutes après, il voyait son cachot envahi par ses anciennes connaissances du Rigi-Kulm et de la Tellsplatte, l'âne bâté Schwanthaler, l'ineptissimus Astier-Réhu, le membre du Jockey-Club avec sa nièce (hum! hum!...), tous les voyageurs du circulaire Cook. Honteux, craignant d'être reconnu, le malheureux se dissimulait derrière les piliers, reculant, se dérobant à mesure qu'approchait le groupe des touristes précédés du concierge et de son boniment débité d'un voie dolente : « C'est ici que l'infortuné Bonnivard.... »

Ils avançaient lentement, retardés par les discussions des deux savants toujours en querelle, prêts à se sauter dessus, agitant l'un son pliant, l'autre son sac de voyage, en des attitudes fantastiques que le demi-jour des soupiraux allongeait sur les voûtes.

A force de reculer, Tartarin se trouva tout près du trou des oubliettes, un puits noir, ouvert au ras du sol, soufflant l'haleine des siècles passés, marécageuse et glaciale. Effrayé, il s'arrêta, se pelotonna dans un coin, sa casquette sur les yeux, mais le salpêtre humide des murailles l'impressionnait; et tout à coup un formidable éternument, qui fit reculer les touristes, les avertissait de sa présence.

« Tiens, Bonivard..... » s'écria l'effrontée petite parisienne.....

« Tiens, Bonnivard... » s'écria l'effrontée petite Parisienne coiffée d'un chapeau Directoire, que le monsieur du Jockey-Club faisait passer pour sa nièce.

Le Tarasconnais ne se laissa pas démonter.

« C'est vraiment très gentil, vé, ces oubliettes !... » dit-il du ton le plus naturel du monde, comme s'il était en train, lui aussi, de visiter le cachot par plaisir, et il se mêla aux autres voyageurs qui souriaient en reconnaissant l'alpiniste du Rigi-Kulm, le boute-en-train du fameux bal.

« Hé ! mossié... ballir, dantsir !... »

La silhouette falotte de la petite fée Schwanthaler se dressait devant lui, prête à partir pour une contredanse. Vraiment, il avait bien envie de danser ! Alors, ne sachant comment se débarrasser de l'enragé petit bout de femme, il lui offrit le bras, lui montra fort galamment son cachot, l'anneau où se rivait la chaîne du captif, la trace appuyée de ses pas sur les dalles autour du même pilier; et jamais, à l'entendre parler avec tant d'aisance, la bonne dame ne se serait doutée que celui qui la promenait était aussi prisonnier d'État, une victime de l'injustice et de la méchanceté des hommes. Terrible, par exemple, fut le départ, quand l'infortuné Bonnivard ayant reconduit sa danseuse jusqu'à la porte, prit congé avec un sourire d'homme du monde : « Non, merci, vé.... Je reste encore un petit moment. » Là-dessus il salua, et le geôlier, qui le guettait, ferma et verrouilla la porte, à la stupéfaction de tous.

Quel affront! Il en suait d'angoisse, le malheureux, en écoutant les exclamations des touristes qui s'éloignaient. Par bonheur, ce supplice ne se renouvela plus de la journée. Pas de visiteurs à cause du mauvais temps. Un vent terrible sous les vieux ais, des plaintes montant des oubliettes comme des victimes mal enterrées, et le clapotis du lac, criblé de pluie, battant les murailles au ras des soupiraux d'où les éclaboussures jaillissaient jusque sur le captif. Par intervalles, la cloche d'un vapeur, le claquement de ses roues scandant les réflexions du pauvre Tartarin, pendant que le soir descendait gris et morne dans le cachot qui semblait s'agrandir.

Comment s'expliquer cette arrestation, son emprisonnement dans ce lieu sinistre? Costecalde, peut-être... une manœuvre électorale de la dernière heure?... Ou, encore, la police russe avertie de ses paroles imprudentes, de sa liaison avec Sonia, et demandant l'extradition ? Mais alors, pourquoi arrêter les délégués?... Que pouvait-on reprocher à ces infortunés dont il se représentait l'effarement, le désespoir, quoiqu'ils ne fussent pas comme lui dans le cachot de Bonnivard, sous ces voûtes aux pierres serrées, traversées à l'approche de la nuit d'un passage de rats énormes, de cancrelats, de silencieuses araignées aux pattes frôleuses et difformes.

Voyez pourtant ce que peut une bonne conscience! Malgré les rats, le froid, les araignées, le grand Tartarin trouva dans l'horreur de la prison d'État, hantée d'ombres martyres, le sommeil rude et sonore, bouche ouverte et poings fermés, qu'il avait dormi entre les cieux et les abîmes dans la cabane du Club Alpin. Il croyait rêver encore, au matin, en entendant son geôlier :

« Levez-vous, le préfet du district est là.... Il vient vous interroger.... » L'homme ajouta avec un certain respect : « Pour que le préfet se soit dérangé... il faut que vous soyez un fameux scélérat. »

Scélérat! non, mais on peut le paraître après une nuit de cachot humide et poussiéreux, sans avoir eu le temps d'une toilette, même sommaire. Et dans l'ancienne écurie du château, transformée en gendarmerie, garnie de mousquetons en ratelier sur le crépissage des murs, quand Tartarin

— après un coup d'œil rassurant à ses alpinistes assis entre les gendarmes — apparaît devant le préfet du district, il a le sentiment de sa mauvaise tenue en face de ce magistrat correct et noir, la barbe soignée, et qui l'interpelle sévèrement :

« Vous vous appelez Manilof, n'est-ce pas?... sujet russe... incendiaire à Pétersbourg... réfugié et assassin en Suisse.

— Mais jamais de la vie!... C'est une erreur, une méprise....

— Taisez-vous, ou je vous bâillonne... » interrompt le capitaine.

Le préfet correct reprend : « D'ailleurs, pour couper court à toutes vos dénégations.... Connaissez-vous cette corde ? »

Sa corde, coquin de sort ! Sa corde tissée de fer, fabriquée en Avignon. Il baisse la tête, à la stupeur des délégués, et dit : « Je la connais.

— Avec cette corde, un homme a été pendu dans le canton d'Unterwald.... »

Tartarin frémissant jure qu'il n'y est pour rien.

« Nous allons bien voir ! » Et l'on introduit le ténor italien, le policier que les nihilistes avaient accroché à la branche d'un chêne au Brünig, mais que des bûcherons ont sauvé miraculeusement.

Le mouchard regarde Tartarin : « Ce n'est pas lui ! » les délégués : « Ni ceux-là non plus.... On s'est trompé. »

Le préfet, furieux, à Tartarin : « Mais, alors, qu'est-ce que vous faites ici ?

— C'est ce que je me demande, vé !... répond le président avec l'aplomb de l'innocence.

Après une courte explication, les alpinistes de Tarascon, rendus à la liberté, s'éloignent du château de Chillon dont nul n'a ressenti plus fort qu'eux la mélancolie oppressante et romantique. Il s'arrêtent à la pension Müller pour prendre les bagages, la bannière, payer le déjeuner de la veille qu'il n'ont pas eu le temps de manger, puis filent vers Genève par le train. Il pleut. A travers les vitres ruisselantes se lisent des noms de stations d'aristocratique villégiature, Clarens, Vevey, Lausanne ; les chalets rouges, les jardinets d'arbustes rares passent sous un voile humide où s'égouttent les branches, les clochetons des toits, les terrasses des hôtels.

Installés dans un petit coin du long wagon suisse, deux banquettes se faisant face, les alpinistes ont la mine défaite et déconfite. Bravida, très aigre, se plaint de douleurs et, tout le temps, demande à Tartarin avec une ironie féroce : « Eh *bé!* vous l'avez vu, le cachot de Bonnivard.... Vous vouliez tant le voir.... Je crois que vous l'avez vu, *qué?* » Excourbaniès, aphone pour la première fois, regarde piteusement le lac qui les escorte aux portières : « En voilà de l'eau, *Boudiou!...* après ça, je ne prends plus de bain de ma vie.... »

Abruti d'une épouvante qui dure encore, Pascalon, la bannière entre ses jambes, se dissimule derrière, regardant à droite et à gauche comme un lièvre, crainte qu'on le rattrape.... Et Tartarin?... Oh! lui, toujours digne et calme, il se délecte en lisant des journaux du Midi, un paquet de journaux expédié à la pension Müller et qui, tous, reproduisent d'après le *Forum* le récit de son ascension, celui qu'il a dicté, mais agrandi, enjolivé d'éloges mirifiques. Tout à coup le héros pousse un cri, un cri formidable qui roule jusqu'au bout du wagon. Tous les voyageurs se sont dressés; on croit à un tamponnement. Simplement un entrefilet du *Forum* que Tartarin lit à ses alpinistes.... « Écoutez ça : *Le bruit court que le V. P. C. A. Costecalde, à peine remis de la jaunisse qui l'alitait depuis quelques jours, va partir pour l'ascension du Mont-Blanc, monter encore plus haut que Tartarin....* Ah! le bandit.... Il veut tuer l'effet de ma Jungfrau.... Eh bien! attends un peu, je vais te la souffler, ta montagne.... Chamonix est à quelques heures de Genève, je ferai le Mont-Blanc avant lui ! En êtes-vous, mes enfants ? »

Bravida proteste. *Outre!* il en a assez, des aventures. « Assez et plus qu'assez... » hurle Excourbaniès tout bas, de sa voix morte.

« Et toi, Pascalon ?... » demande doucement Tartarin.

L'élève bêle sans oser lever les yeux : « Maî-aî-aître.... » celui-là aussi le reniait.

« C'est bien, dit le héros solennel et fâché, je partirai seul, j'aurai tout l'honneur.... *Zou !* rendez-moi la bannière.... »

..... L'ulster balayant la glace comme une pelure d'ours gris.....

XII

L'hôtel Baltet à Chamonix. — Ça sent l'ail! — De l'emploi de la corde dans les courses alpestres. — Shake hand! — Un élève de Schopenhauer. — A la halte des Grands-Mulets. — « Tartaréin, il faut que je vous parle.... »

Le clocher de Chamonix sonnait neuf heures dans un soir frissonnant de bise et de pluie froides; toutes les rues noires, les maisons éteintes, sauf de place en place la façade et les cours des hôtels où le gaz veillait, faisant les alentours encore plus sombres dans le vague reflet de la neige des montagnes, d'un blanc de planète sur la nuit du ciel.

A l'hôtel Baltet, un des meilleurs et des plus

fréquentés du village alpin, les nombreux voyageurs et pensionnaires ayant disparu peu à peu, harassés des excursions du jour, il ne restait au grand salon qu'un pasteur anglais jouant aux dames silencieusement avec son épouse, tandis que ses innombrables demoiselles en tabliers écrus à bavettes s'activaient à copier des convocations au prochain service évangélique, et qu'assis devant la cheminée où brûlait un beau feu de bûches, un jeune Suédois, creusé, décoloré, regardait la flamme d'un air morne en buvant des grogs au kirsch et à l'eau de seltz. De temps en temps un touriste attardé traversait le salon, guêtres trempées, caoutchouc ruisselant, allait à un grand baromètre pendu sur la muraille, le tapotait, interrogeait le mercure pour le temps du lendemain et s'allait coucher consterné. Pas un mot, pas d'autres manifestations de vie que le pétillement du feu, le grésil aux vitres et le roulement colère de l'Arve sous les arches de son pont de bois, à quelques mètres de l'hôtel.

Tout à coup le salon s'ouvrit, un portier galonné d'argent entra chargé de valises, de couvertures, avec quatre alpinistes grelottants, saisis par le subit passage de la nuit et du froid à la chaude lumière.

« *Boudiou!* Quel temps....

— A manger, *zou!*
— Bassinez les lits, *qué!* »

Ils parlaient tous ensemble du fond de leurs cache-nez, passe-montagne, casquettes à oreilles, et l'on ne savait auquel entendre, quand un petit gros qu'ils appelaient le *présidain* leur imposa silence en criant plus fort qu'eux.

« D'abord le livre des étrangers ! » commanda-t-il ; et le feuilletant d'une main gourde, il lisait à haute voix les noms des voyageurs qui, depuis huit jours, avaient traversé l'hôtel : « Docteur Schwanthaler et madame.... Encore !... Astier-Réhu, de l'Académie française.... » Il en déchiffra deux ou trois pages, pâlissant quand il croyait voir un nom ressemblant à celui qu'il cherchait ; puis, à la fin, le livre jeté sur la table avec un rire de triomphe, le petit homme fit une gambade gamine, extraordinaire pour son corps replet : « Il n'y est pas, *ré!*... il n'est pas venu.... C'est bien ici pas moins qu'il devait descendre. Enfoncé, Costecalde..... *lagadigadeou!*... vite à la soupe, mes enfants !... » Et le bon Tartarin, ayant salué les dames, marcha vers la salle à manger, suivi de la délégation affamée et tumultueuse.

Eh oui ! la délégation, tous, Bravida lui-même.... Est-ce que c'était possible, allons !........ Qu'aurait-on dit, là-bas, en les voyant revenir sans Tartarin? Chacun d'eux le sentait bien. Et au moment de se séparer, en gare de Genève, le buffet fut témoin d'une scène pathétique, pleurs, embrassades, adieux déchirants à la bannière, à l'issue desquels adieux tout le monde s'empilait dans le landau que le P. C. A. venait de fréter pour Chamonix. Superbe route qu'ils firent les yeux fermés, pelotonnés dans leurs couvertures, remplissant la voiture de ronflements sonores, sans se préoccuper du merveilleux paysage qui, depuis Sallanches, se déroulait sous la pluie : gouffres, forêts, cascades écumantes, et, selon les mouvements de la vallée, tour à tour visible ou fuyante, la cime du mont Blanc au-dessus des nuées. Fatigués de ce genre de beautés naturelles, nos Tarasconnais ne songeaient qu'à réparer la mauvaise nuit passée sous les gros verrous de Chillon. Et, maintenant encore, au bout de la longue salle à manger déserte de l'hôtel Baltet, pendant qu'on leur servait un potage réchauffé et les reliefs de la table d'hôte, ils mangeaient gloutonnement, sans parler, préoccupés surtout d'aller vite au lit. Subitement, Spiridion Excourbaniès, qui avalait comme un somnambule, sortit de son assiette et, flairant l'air autour de lui : « *Outre!* ça sent l'ail!...

— C'est vrai, que ça le sent.... » dit Bravida.

Et tous, ragaillardis par ce rappel de la patrie, ce fumet des plats nationaux que Tartarin n'avait plus respiré depuis longtemps, ils se retournaient sur leurs chaises avec une anxiété gourmande. Cela venait du fond de la salle, d'une petite pièce où mangeait à part un voyageur, personnage d'importance sans doute, car à tout moment la barrette du chef se montrait au guichet ouvrant sur la cuisine, pour passer à la fille de service des petits plats couverts qu'elle portait dans cette direction.

« Quelqu'un du Midi, bien sûr, » murmura le doux Pascalon; et le président, devenu blême à l'idée de Costecalde, commanda :

« Allez donc voir, Spiridion.... vous nous le saurez à dire.... »

Un formidable éclat de rire partit du retrait où le brave gong venait d'entrer, sur l'ordre de son chef, et d'où il ramenait par la main un long diable au grand nez, les yeux farceurs, la serviette au menton comme le cheval gastronome :

« *Vé !* Bompard....

— *Té !* l'imposteur....

— Hé! adieu, Gonzague.... Comment *te* va?

— Différemment, messieurs, je suis bien le vôtre.... » dit le courrier serrant toutes les mains et s'asseyant à la table des Tarasconnais pour partager avec eux un plat de cèpes à l'ail préparé par la mère Balet, laquelle, ainsi que son mari, avait horreur de la cuisine de table d'hôte.

Était-ce le fricot national ou bien la joie de retrouver un *pays*, ce délicieux Bompard à l'imagination inépuisable? Immédiatement la fatigue et l'envie de dormir s'envolèrent, on déboucha du champagne et, la moustache toute barbouillée de mousse, ils riaient, poussaient des cris, gesticulaient, s'étreignaient à la taille, pleins d'effusion.

« Je ne vous quitte plus, vé! disait Bompard.... Mes Péruviens sont partis.... Je suis libre....

— Libre!... Alors, demain, vous faites le Mont-Blanc avec moi?

— Ah! vous faites le Mont Blanc *demeïn?* répondit Bompard sans enthousiasme.

— Oui, je le souffle à Costecalde.... Quand il viendra, *uit!*... Plus de Mont-Blanc.... Vous en êtes, *qué*, Gonzague?

— J'en suis.... J'en suis.... moyennant que le temps le veuille.... C'est que la montée n'est pas toujours commode dans cette saison.

— Ah, *vaï!* pas commode.... fit le bon Tartarin frisant ses petits yeux par un rire d'augure que Bompard, du reste, ne parut pas comprendre.

— Passons toujours prendre le café au salon.... Nous consulterons le père Baltet. Il s'y connaît, lui, l'ancien guide qui a fait vingt-sept fois l'ascension. »

Les délégués eurent un cri :

« Vingt-sept fois! *Boufre!*

— Bompard exagère toujours... » dit le P. C. A. sévèrement avec une pointe d'envie.

Au salon, ils trouvèrent la famille du pasteur

toujours penchée sur les lettres de convocation, le père et la mère sommeillant devant leur partie de dames, et le long Suédois remuant son grog à l'eau de seltz du même geste découragé. Mais l'invasion des alpinistes tarasconnais, allumés par le champagne, donna, comme on pense, quelques distractions aux jeunes convocatrices. Jamais ces charmantes personnes n'avaient vu prendre le café avec tant de mimiques et de roulements d'yeux.

« Du sucre, Tartarin ?

— Mais non, commandant.... Vous savez bien.... Depuis l'Afrique !....

— C'est vrai, pardon.... Té ! voilà M. Baltet !

— Mettez-vous là, *qué*, monsieur Baltet.

— Vive M. Baltet !.... ah ! ah !... *fèn de brut.* »

Entouré, pressé par tous ces gens qu'il n'avait jamais vus de sa vie, le père Baltet souriait d'un air tranquille. Robuste Savoyard, haut et large, le dos rond, la marche lente, sa face épaisse et rasée s'égayait de deux yeux finauds encore jeunes, contrastant avec sa calvitie, causée par un coup de froid à l'aube dans les neiges.

« Ces messieurs désirent faire le Mont-Blanc ? » dit-il jaugeant les Tarasconnais d'un regard à la fois humble et ironique. Tartarin allait répondre, Bompard se jeta devant lui :

« N'est-ce pas que la saison est bien avancée?
— Mais non, répondit l'ancien guide.... Voici un monsieur suédois qui montera demain, et j'attends, à la fin de la semaine, deux messieurs américains pour monter aussi. Il y en a même un qui est aveugle.
— Je sais. Je l'ai rencontré au Guggi.
— Ah! monsieur est allé au Guggi?
— Il y a huit jours, en faisant la Jungfrau. »

Il y eut un frémissement parmi les convocatrices évangéliques, toutes les plumes en arrêt, les têtes levées du côté de Tartarin qui, pour ces Anglaises, déterminées grimpeuses, expertes à tous les sports, prenait une autorité considérable. Il était monté à la Jungfrau!

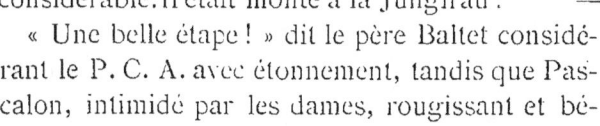

« Une belle étape! » dit le père Baltet considérant le P. C. A. avec étonnement, tandis que Pascalon, intimidé par les dames, rougissant et bégayant, murmurait:
« Maî-aî-tre, racontez-leur donc le.... le.... chose.... la crevasse.... »

Le président sourit : « Enfant!... » et, tout de

même, il commença le récit de sa chute ; d'abord d'un air détaché, indifférent, puis avec des mouvements effarés, des gigottements au bout de la corde, sur l'abime, des appels de mains tendues. Ces demoiselles frémissaient, le dévoraient de ces yeux froids des Anglaises, ces yeux qui s'ouvrent en rond.

Dans le silence qui suivit s'éleva la voix de Bompard :

« Au Chimborazo, pour franchir les crevasses, nous ne nous attachions jamais. »

Les délégués se regardèrent. Comme tarasconnade, celui-là les dépassait tous. « Oh ! *de ce* Bompard, pas moins.... » murmura Pascalon avec une admiration ingénue.

Mais le père Baltet, prenant le Chimborazo au sérieux, protesta contre cet usage de ne pas s'attacher ; selon lui, pas d'ascension possible sur les glaces sans une corde, une bonne corde en chanvre de Manille. Au moins, si l'un glisse, les autres le retiennent.

« Moyennant que la corde ne casse pas, monsieur Baltet, » dit Tartarin rappelant la catastrophe du mont Cervin.

Mais l'hôtelier, pesant les mots :

« Ce n'est pas la corde qui a cassé, au Cervin.... C'est le guide d'arrière qui l'a coupée d'un coup de pioche.... »

Comme Tartarin s'indignait :

« Faites excuse, monsieur, le guide était dans son droit.... Il a compris l'impossibilité de retenir les autres et s'est détaché d'eux pour sauver sa vie, celle de son fils et du voyageur qu'ils accompagnaient.... Sans sa détermination, il y aurait eu sept victimes au lieu de quatre. »

Alors, une discussion commença. Tartarin trouvait que s'attacher à la file, c'était comme un engagement d'honneur de vivre ou de mourir ensemble; et s'exaltant, très monté par la présence des dames, il appuyait son dire sur des faits, des êtres présents. « Ainsi, demain, *té* en m'attachant avec Bompard, ce n'est pas une simple précaution que je prendrai, c'est un serment devant Dieu et devant les hommes de n'être qu'un avec mon compagnon et de mourir plutôt que de rentrer sans lui, coquin de sort !

— J'accepte le serment pour moi comme pour vous, Tartar*éin*.... » cria Bompard de l'autre côté du guéridon.

Minute émouvante !

Le pasteur, électrisé, se leva et vint infliger au héros une poignée de main en coup de pompe, bien anglaise. Sa femme l'imita, puis toutes ses demoiselles, continuant le *shake hand* avec une vigueur à faire monter l'eau à un cinquième étage.

Les délégués, je dois le dire, se montraient moins enthousiastes.

« Eh *bé*! moi, dit Bravida, je suis de l'avis de M. Baltet. Dans ces affaires-là, chacun y va pour sa peau, pardi! et je comprends très bien le coup de piolet....

— Vous m'étonnez, Placide », fit Tartarin sévèrement. Et tout bas, entre cuir et chair : « Tenez-vous donc, malheureux; l'Angleterre nous regarde.... »

Le vieux brave qui, décidément, gardait un fonds d'aigreur depuis l'excursion de Chillon, eut un geste signifiant : « Je m'en moque un peu, de l'Angleterre.... » et peut-être se fût-il attiré quelque verte semonce du président irrité de tant de cynisme, quand le jeune homme aux airs navrés, repu de grog et de tristesse, mit son mauvais français dans la conversation. Il trouvait, lui aussi, que le guide avait eu raison de trancher la corde : délivrer de l'existence quatre malheureux encore jeunes, c'est-à-dire condamnés à vivre un certain temps, les rendre d'un geste au repos, au néant, quelle action noble et généreuse !

Tartarin se récria :

« Comment, jeune homme ! à votre âge, parler de la vie avec ce détachement, cette colère.... Qu'est-ce qu'elle vous a donc fait ?

— Rien, elle m'ennuie.... » Il étudiait la philosophie à Christiania et, gagné aux idées de Schopenhauer, de Hartmann, trouvait l'existence sombre, inepte, chaotique. Tout près du suicide, il avait fermé ses livres à la prière de ses parents et s'était mis à voyager, butant partout contre le même ennui, la sombre misère du monde. Tartarin et ses amis lui semblaient les seuls êtres contents de vivre qu'il eût encore rencontrés.

Le bon P. C. A. se mit à rire : « C'est la race qui veut ça, jeune homme. Nous sommes tous les mêmes à Tarascon. Le pays du bon Dieu. Du matin au soir, on rit, on chante, et le reste du temps on danse la farandole.... comme ceci.... *té !* » Il se mit à battre un entrechat avec une grâce, une légèreté de gros hanneton déployant ses ailes. Mais les délégués n'avaient pas les nerfs d'acier, l'entrain infatigable de leur chef.

Excourbaniès grognait : « Le *présidain* s'emballe.... nous sommes là jusqu'à minuit. »

Bravida se levant, furieux : « Allons-nous

coucher, *vé!* Je n'en puis plus de ma sciatique.... »
Tartarin consentit, songeant à l'ascension du lendemain ; et les Tarasconnais montèrent, le bougeoir en main, le large escalier de granit conduisant aux chambres, tandis que le père Baltet allait s'occuper des provisions, retenir des mulets et des guides.

« *Té!* il neige.... »
Ce fut le premier mot du bon Tartarin à son réveil en voyant les vitres couvertes de givre et la chambre inondée d'un reflet blanc ; mais lorsqu'il accrocha son petit miroir à barbe à l'espagnolette, il comprit son erreur et que le Mont-Blanc, étincelant en face de lui sous un soleil splendide, faisait toute cette clarté. Il ouvrit sa fenêtre à la brise du glacier, piquante et réconfortante, qui lui apportait toutes les sonnailles en marche des troupeaux derrière les longs mugissements de trompe des bergers. Quelque chose de fort, de pastoral, remplissait l'atmosphère, qu'il n'avait pas respiré en Suisse.

En bas, un rassemblement de guides, de porteurs, l'attendait ; le Suédois déjà hissé sur sa bête, et, mêlée aux curieux qui formaient le cercle, la famille du pasteur, toutes ces alertes demoiselles coiffées en matin, venues pour donner encore

« shake hand » au héros qui avait hanté leurs rêves.

« Un temps superbe !... dépêchez-vous !... » criait l'hôtelier dont le crâne luisait au soleil comme un galet. Mais Tartarin eut beau se presser, ce n'était pas une mince besogne d'arracher au sommeil les délégués qui devaient l'accompagner jusqu'à la Pierre-pointue où finit le chemin de mulet. Ni prières ni raisonnements ne purent décider le commandant à sauter du lit ; son bonnet de coton jusqu'aux oreilles, le nez contre le mur, aux objurgations du président il se contentait de répondre par un cynique proverbe tarasconnais : « Qui a bon renom de se lever matin peut dormir jusqu'à midi.... » Quant à Bompard, il répétait tout le temps : « Ah *vaï!* le Mont-Blanc !.. quelle blague... » et ne se leva que sur l'ordre formel du P. C. A.

Enfin la caravane se mit en route et traversa les petites rues de Chamonix dans un appareil fort imposant : Pascalon sur le mulet de tête, la bannière déployée, et, le dernier de la file, grave comme un mandarin parmi les guides et les porteurs groupés des deux côtés de sa mule, le bon Tartarin, plus extraordinairement alpiniste que jamais, avec une paire de lunettes neuves aux verres bombés et fumés et sa fameuse corde fabriquée en Avignon, on sait à quel prix reconquise.

Très regardé, presque autant que la bannière, il jubilait sous son masque important, s'amusait du pittoresque de ces rues de village savoyard, si différent du village suisse, trop propre, trop vernissé, sentant le joujou neuf, le chalet de bazar, du contraste de ces masures à peine sorties de terre, où l'étable tient toute la place, à côté des grands hôtels somptueux de cinq étages dont les enseignes rutilantes détonnaient comme la casquette galonnée d'un portier, l'habit noir et les escarpins d'un maître d'hôtel au milieu des coiffes savoyardes, des vestes de futaine, des feutres de charbonniers à larges ailes. Sur la place, des landaus dételés, des berlines de voyage à côté de charrettes de fumier; un troupeau de porcs flânant au soleil devant le bureau de poste d'où sortait un Anglais en chapeau de toile blanche, avec un paquet de lettres et un numéro du *Times* qu'il lisait en marchant avant d'ouvrir sa correspondance. La cavalcade des Tarasconnais traversait tout cela, accompagnée par le piétinement des mulets, le cri de guerre d'Excourbaniès à qui le soleil rendait l'usage de son gong, le carillon pastoral étagé sur les pentes voisines et le fracas de la rivière en torrent jailli du glacier, toute blanche, étincelante comme si elle charriait du soleil et de la neige.

A la sortie du village, Bompard rapprocha sa mule de celle du président et lui dit, roulant des yeux extraordinaires : « Tartar*éin*, il faut que je vous parle....

— Tout à l'heure.... » dit le P. C. A. engagé dans une discussion philosophique avec le jeune Suédois dont il essayait de combattre le noir pessimisme par le merveilleux spectacle qui les entourait, ces pâturages aux grandes zones d'ombre et de lumière, ces forêts d'un vert sombre crêtées de la blancheur des névés éblouissants.

Après deux tentatives pour se rapprocher de Tartarin, Bompard y renonça de force. L'Arve franchie sur un petit pont, la caravane venait de s'engager dans un de ces étroits chemins en lacet au milieu des sapins, où les mulets, un par un, découpent de leurs sabots fantasques toutes les sinuosités des abîmes, et nos Tarasconnais n'avaient pas assez de leur attention pour se maintenir en équilibre à l'aide des « *allons... doucemain... outre...* » dont ils retenaient leurs bêtes.

Au chalet de la Pierre-pointue, dans lequel Pascalon et Excourbaniès devaient attendre le retour des ascensionnistes, Tartarin, très occupé de commander le déjeuner, de veiller à l'installation des porteurs et des guides, fit encore la sourde oreille aux chuchotements de Bompard. Mais — chose étrange et qu'on ne remarqua que plus tard — malgré le beau temps, le bon vin, cette atmosphère épurée à deux mille mètres au-dessus de la mer, le déjeuner fut mélancolique. Pendant qu'ils entendaient les guides rire et s'égayer à côté, la table des Tarasconnais restait silencieuse, livrée seulement aux bruits du service, tintements des verres, de la grosse vaisselle et des couverts sur le bois blanc. Était-ce la présence de ce Suédois morose ou l'inquiétude visible de Gonzague, ou encore quelque pressentiment, la bande se mit en marche, triste comme un bataillon sans musique, vers le glacier des Bossons où la véritable ascension commençait.

En posant le pied sur la glace, Tartarin ne put s'empêcher de sourire au souvenir du Guggi et de ses crampons perfectionnés. Quelle différence entre le néophyte qu'il était alors et l'alpiniste de premier ordre qu'il se sentait devenu ! Solide sur ses lourdes bottes que le portier de l'hôtel lui avait ferrées le matin même de quatre gros clous, expert à se servir de son piolet, c'est à peine s'il eut besoin de la main d'un de ses guides, moins pour le soutenir que pour lui montrer le chemin. Les lunettes fumées atténuaient la réverbération du glacier qu'une récente avalanche poudrait de neige fraîche où des petits lacs d'un vert glauque s'ouvraient çà et là, glissants et traîtres ; et très calme, assuré par expérience qu'il n'y avait pas le moindre danger, Tartarin marchait le long des crevasses aux parois chatoyantes et lisses, s'approfondissant à l'infini, passait au milieu des séracs avec l'unique préoccupation de tenir pied à l'étudiant suédois, intrépide marcheur, dont les longues guêtres à boucles d'argent s'allongeaient minces et sèches et de la même détente à côté de son alpenstock qui semblait une troisième jambe. Et leur discussion philosophique continuant en dépit des difficultés de la route, on entendait sur l'espace gelé, sonore comme la largeur d'une rivière, une bonne grosse voix familière et essoufflée : « Vous me connaissez, Otto.... »

Bompard, pendant ce temps, subissait mille

mésaventures. Fermement convaincu encore le matin que Tartarin n'irait jamais jusqu'au bout de sa vantardise et ne ferait pas plus le Mont-Blanc qu'il n'avait fait la Jungfrau, le malheureux courrier s'était vêtu comme à l'ordinaire, sans clouter ses bottes ni même utiliser sa fameuse invention pour ferrer les pieds des militaires, sans

alpenstock non plus, les montagnards du Chimborazo ne s'en servant pas. Seulement armé de la badine qui allait bien avec son chapeau à ganse bleue et son ulster, l'approche du glacier le terrifia, car, malgré toutes ses histoires, on pense bien que « l'imposteur » n'avait jamais fait d'ascension. Il se rassura pourtant en voyant du haut de la moraine avec quelle facilité Tartarin évoluait sur la glace, et se décida à le suivre jusqu'à la halte des Grands-Mulets, où l'on devait passer la nuit. Il n'y arriva point sans peine. Au premier pas, il s'étala sur le dos, la seconde fois en avant sur les mains et sur les genoux. « Non, merci, c'est exprès.... affirmait-il aux guides essayant de le relever... A l'américaine, vé !... comme au Chimborazo ! » Cette position lui paraissant commode, il la garda, s'avançant à quatre pattes, le chapeau en arrière, l'ulster balayant la glace comme une pelure d'ours gris ; très calme, avec cela, et racontant autour de lui que, dans la Cordillère des Andes, il avait grimpé ainsi une montagne de dix mille mètres. Il ne disait pas en combien de temps par exemple, et cela avait dû être long à en juger par cette étape des Grands-Mulets où il arriva une heure après Tartarin et tout dégouttant de neige boueuse, les mains gelées sous ses gants de tricot.

A côté de la cabane du Guggi, celle que la commune de Chamonix a fait construire aux Grands-Mulets est véritablement confortable. Quand Bompard entra dans la cuisine où flambait un grand feu de bois, il trouva Tartarin et le Suédois en train de sécher leurs bottes, pendant que l'aubergiste, un vieux racorni aux longs cheveux blancs tombant en mèches, étalait devant eux les trésors de son petit musée.

Sinistre, ce musée fait des souvenirs de toutes les catastrophes qui avaient eu lieu au Mont-Blanc, depuis plus de quarante ans que le vieux tenait l'auberge ; et, en les retirant de leur vitrine, il racontait leur origine lamentable.... A ce morceau de drap, ces boutons de gilet, tenait la mémoire d'un savant russe précipité par l'ouragan sur le glacier de la Brenva.... Ces maxillaires restaient d'un des guides de la fameuse caravane de onze voyageurs et porteurs disparus dans une tourmente de neige.... Sous le jour tombant et le pâle reflet des névés contre les carreaux, l'étalage de ces reliques mortuaires, ces récits monotones avaient quelque chose de poignant, d'autant que le vieillard attendrissait sa voix tremblante aux endroits pathétiques, trouvait des larmes en dépliant un bout de voile vert d'une dame anglaise roulée par l'avalanche en 1827.

Tartarin avait beau se rassurer par les dates, se convaincre qu'à cette époque la Compagnie n'avait pas organisé les ascensions sans danger, ce *vocero* savoyard lui serrait le cœur, et il alla respirer un moment sur la porte.

La nuit était venue, engloutissant les fonds.

Les Bossons ressortaient livides et tout proches, tandis que le Mont-Blanc dressait une cime encore rosée, caressée du soleil disparu. Le Méridional se rassérénait à ce sourire de la nature, quand l'ombre de Bompard se dressa derrière lui.

« C'est vous, Gonzague... vous voyez, je prends le bon de l'air.... Il m'embêtait, ce vieux, avec ses histoires....

— Tartar*ein*, dit Bompard lui serrant le bras à le broyer... J'espère qu'en voilà assez, et que vous allez vous en tenir là de cette ridicule expédition ? »

Le grand homme arrondit des yeux inquiets :

« Qu'est-ce que vous me chantez ? »

Alors Bompard lui fit un tableau terrible des mille morts qui les menaçaient, les crevasses, les avalanches, coups de vent, tourbillons.

Tartarin l'interrompit :

« Ah ! *vaï*, farceur ; et la Compagnie !... Le Mont-Blanc n'est donc pas aménagé comme les autres ?

— Aménagé ?... la Compagnie ?... » dit Bompard ahuri ne se rappelant plus rien de sa tarasconnade ; et l'autre la lui répétant mot pour mot, a Suisse en société, l'affermage des montagnes, les crevasses truquées, l'ancien gérant se mit à rire :

« Comment ! vous avez cru... mais c'était une

galéjade.... Entre gens de Tarascon, pas moins, on sait bien ce que parler veut dire....

— Alors, demanda Tartarin très ému, la Jungfrau n'était pas préparée?...

— Pas plus !

— Et si la corde avait cassé?...

— Ah ! mon pauvre ami.... »

Le héros ferma les yeux, pâle d'une épouvante rétrospective et, pendant une minute, il hésita.... Ce paysage en cataclysme polaire, froid, assombri, accidenté de gouffres... ces lamentations du vieil aubergiste encore pleurantes à ses oreilles.... « *Outre!* que vous me feriez dire.... » Puis tout à coup, il pensa aux *gensses* de Tarascon, à la bannière qu'il ferait flotter là-haut, il se dit qu'avec de bons guides, un compagnon à toute épreuve comme Bompard.... Il avait fait la Jungfrau... pourquoi ne tenterait-il pas le Mont-Blanc ?

Et posant sa large main sur l'épaule de son ami, il commença d'une voix virile :
« Écoutez, Gonzague.... »

« Outre
— Boufre ! »

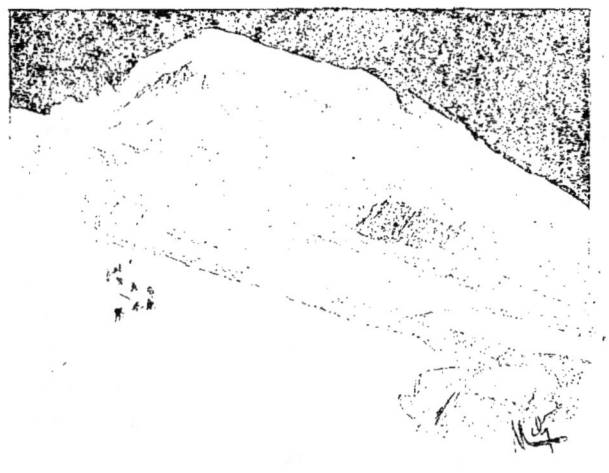

XIII

La Catastrophe.

Par une nuit noire, noire, sans lune, sans étoile, sans ciel, sur la blancheur tremblotante d'une immense pente de neige, lentement se déroule une longue corde où des ombres craintives et toutes petites sont attachées à la file, précédées, à cent mètres, d'une lanterne en tache rouge presque au ras du sol. Des coups de piolet sonnant dans la neige dure, le roulement des glaçons détachés dérangent seuls le silence du névé où s'amortissent les pas de la caravane; puis de minute en minute un cri, une plainte étouffée, la chute d'un corps sur la glace et, tout de suite, une grosse voix qui répond du bout de la corde : « Allez doucement de tomber, Gonzague. » Car le pauvre Bompard s'est décidé à suivre son ami Tartarin jusqu'au sommet du Mont-Blanc. Depuis deux heures du matin — il en est quatre à la montre à répétition du président — le malheureux courrier s'avance à tâtons, vrai forçat à la chaîne, traîné, poussé, vacillant et bronchant, contraint de retenir les exclamations diverses que lui arrache sa mésaventure, l'avalanche guettant de tous côtés et le moindre ébranlement, une vibration un peu forte de l'air cristallin pouvant déterminer des tombées de neige ou de glace. Souffrir en silence, quel supplice pour un homme de Tarascon !

Mais la caravane a fait halte; Tartarin s'informe, on entend une discussion à voix basse, des chuchotements animés : « C'est votre compagnon qui ne veut plus avancer... » répond le Suédois. L'ordre de marche est rompu, le chapelet humain se détend, revient sur lui-même, et les voilà tous au bord d'une énorme crevasse, ce que les montagnards appellent une « roture ». On a franchi les précédentes à l'aide d'une échelle mise en travers et qu'on passe sur les genoux ; ici, la crevasse est beaucoup trop large et l'autre bord se dresse en hauteur de quatre-vingts à cent pieds. Il s'agit de descendre au fond du trou qui se rétrécit, à l'aide de marches creusées au piolet, et de remonter pareillement. Mais Bompard s'y refuse avec obstination.

Penché sur le gouffre que l'ombre fait paraître insondable, il regarde s'agiter dans une buée la petite lanterne des guides préparant le chemin. Tartarin, peu rassuré lui-même, se donne du courage en exhortant son ami : « Allons, Gonzague, zou ! » et, tout bas, il le sollicite d'honneur, invoque Tarascon, la bannière, le Club des Alpines....

« Ah ! vaï, le Club.... Je n'en suis pas », répond l'autre cyniquement.

Alors Tartarin lui explique qu'on lui posera les pieds, que rien n'est plus facile.

« Pour vous, peut-être, mais pas pour moi....

— Pas moins, vous disiez que vous aviez l'habitude....

— Bé oui ! certainement, l'habitude... mais laquelle ? j'en ai tant.... l'habitude de fumer, de dormir....

— De mentir, surtout, interrompt le président....

— D'exagérer, allons ! » dit Bompard sans s'émouvoir le moins du monde.

Cependant, après bien des hésitations, la menace de le laisser là tout seul le décide à descendre lentement, posément, cette terrible échelle de meunier.... Remonter est plus difficile, sur l'autre paroi droite et lisse comme un marbre et plus haute que la tour du roi René à Tarascon. D'en bas, la clignante lumière des guides semble un ver luisant en marche. Il faut se décider, pourtant ; la neige sous les pieds n'est pas solide, des glouglous de fonte et d'eau circulante s'agitent autour d'une large fissure qu'on devine plutôt qu'on ne la voit, au pied du mur de glace, et qui souffle son haleine froide d'abîme souterrain.

« Allez doucement de tomber, Gonzague !... »

Cette phrase, que Tartarin profère d'une intonation attendrie, presque suppliante, emprunte une signification solennelle à la position respective des ascensionnistes, cramponnés maintenant des pieds et des mains, les uns au-dessous des autres, liés par la corde et par la similitude de leurs mouvements ; si bien que la chute ou la maladresse d'un seul les mettrait tous en danger. Et quel danger, coquin de sort ! Il suffit d'entendre rebondir et dégringoler les débris de glaçons avec l'écho de la chute par les crevasses et les dessous inconnus pour imaginer quelle gueule de monstre vous guette et vous happerait au moindre faux pas.

Mais qu'y a-t-il encore? Voilà que le long Suédois qui précède justement Tartarin s'est arrêté et touche de ses talons ferrés la casquette du P. C. A. Les guides ont beau crier « En avant!... »

et le président : « Avancez donc, jeune homme.... »
Rien ne bouge. Dressé de son long, accroché
d'une main négligente, le Suédois se penche, et
le jour levant effleure sa barbe grêle, éclaire la
singulière expression de ses yeux dilatés, pendant
qu'il fait signe à Tartarin :

« Quelle chute, hein, si on lâchait !...

— Outre ! Je crois bien... vous nous entraîne-
riez tous.... Montez donc !.... »

L'autre continue, immobile :

« Belle occasion pour en finir avec la vie, rentrer au néant par les entrailles de la terre, rouler
de crevasse en crevasse comme ceci que je détache de mon pied.... » Et il s'incline effroyable-
ment pour suivre le quartier de glace qui rebondit
et sonne sans fin dans la nuit.

« Malheureux ! prenez garde.... » crie Tartarin
blême d'épouvante ; et, désespérément cramponné
à la paroi suintante, il reprend d'une chaude ardeur son argument de la veille en faveur de l'existence : « Elle a du bon, qué diantre !... A votre
âge, un beau garçon comme vous.... vous ne
croyez donc pas à l'amour, *qué* ? »

Non ! Le Suédois n'y croit pas. L'amour idéal
est un mensonge des poètes ; l'autre, un besoin
qu'il n'a jamais ressenti....

« Bé oui ! bé oui !... C'est vrai que les poètes

sont un peu de Tarascon, ils en disent toujours plus qu'il n'y en a; mais, pas moins, c'est gentil le *femellan*, comme on appelle les dames chez nous. Puis, on a des enfants, des jolis mignons qui vous ressemblent.

— Ah! oui, les enfants, une source de chagrins. Depuis qu'elle m'a eu, ma mère n'a cessé de pleurer.

— Écoutez, Otto, vous me connaissez, mon bon ami.... »

Et de toute l'expansion valeureuse de son âme, Tartarin s'épuise à ranimer, à frictionner à distance cette victime de Schopenhauer et de Hartmann, deux polichinelles qu'il voudrait tenir au coin d'un bois, coquin de sort! pour leur faire payer tout le mal qu'ils ont fait à la jeunesse....

Qu'on se représente, pendant cette discussion philosophique, la haute muraille de glace, froide, glauque, ruisselante, frôlée d'un rayon pâle, et cette brochée de corps humains plaqués dessus en échelons, avec les sinistres gargouillements qui montent des profondeurs béantes et blanchâtres, les jurons des guides, leurs menaces de se détacher et d'abandonner leurs voyageurs. A la fin, Tartarin voyant que nul raisonnement ne peut convaincre ce fou, dissiper son vertige de mort, lui suggère l'idée de se jeter de la pointe extrême du Mont-Blanc.... A la bonne heure, ça vaudrait la peine, de là-haut ! Une belle fin dans les éléments.... Mais ici, au fond d'une cave....Ah ! *vaï*, quelle *foutaise !*... Il y met tant d'accent, brusque à la fois et persuasif, une telle conviction, que le Suédois se laisse vaincre ; et les voilà enfin, un par un, en haut de cette terrible *roture*.

On se détache, on fait halte pour boire un coup et casser une croûte. Le jour est venu. Un jour froid et blême sur un cirque grandiose de pics, de flèches, dominés par le Mont-Blanc encore à quinze cents mètres. Les guides à part gesticulent et se concertent avec des hochements de tête. Sur le sol tout blanc, lourds et ramassés, le dos rond dans leur veste brune, on dirait des marmottes prêtes à remiser pour l'hiver. Bompard et Tartarin inquiets, transis, ont laissé le Suédois manger tout seul et se sont approchés au moment où le guide-chef disait d'un air grave :

« C'est qu'il fume sa pipe, il n'y a pas à dire que non.

— Qui donc fume sa pipe? demande Tartarin.

— Le Mont-Blanc, monsieur, regardez. » Et l'homme montre tout au bout de la haute cime, comme une aigrette, une fumée blanche qui va vers l'Italie.

« Et autrement, mon bon ami, quand le Mont-Blanc fume sa pipe, qu'est-ce que cela veut dire?

— Ça veut dire, monsieur, qu'il fait un vent terrible au sommet, une tempête de neige qui sera sur nous avant longtemps. Et dame! c'est dangereux.

— Revenons, » dit Bompard verdissant; et Tartarin ajoute :

« Oui, oui, certaine*main*, pas de sot amour-propre ! »

Mais le Suédois s'en mêle ; il a payé pour qu'on le mène au Mont-Blanc, rien ne l'empêchera d'y aller. Il y montera seul, si personne ne l'accompagne. « Lâches ! lâches ! » ajoute-t-il tourné vers les guides, et il leur répète l'injure de la même voix de revenant dont il s'excitait tout à l'heure au suicide.

« Vous allez bien voir si nous sommes des lâches.... Qu'on s'attache, et en route ! » s'écrie le guide-chef. Cette fois, c'est Bompard qui proteste énergiquement. Il en a assez, il veut qu'on le ramène. Tartarin l'appuie avec vigueur :

« Vous voyez bien que ce jeune homme est fou!... » s'écrie-t-il en montrant le Suédois déjà parti à grandes enjambées sous les floches de neige que le vent commence à chasser de toutes parts. Mais rien n'arrêtera plus ces hommes que l'on a traités de lâches. Les marmottes se sont réveillées, héroïques, et Tartarin ne peut obtenir un conducteur pour le ramener avec Bompard aux Grands-Mulets. D'ailleurs, la direction est simple : trois heures de marche en comptant un écart de vingt minutes pour tourner la grande roture si elle les effraye à passer tout seuls.

« *Outre*, oui, qu'elle nous effraie !... » fait Bompard sans pudeur aucune, et les deux caravanes se séparent.

A présent, les Tarasconnais sont seuls. Ils avancent avec précaution sur le désert de neige, attachés à la même corde, Tartarin en avant, tâtant de son piolet gravement, pénétré de la responsabilité qui lui incombe, y cherchant un réconfort.

« Courage ! du sang-froid !... Nous nous en tirerons !... » crie-t-il à chaque instant à Bompard. Ainsi l'officier, dans la bataille, chasse la peur qu'il a, en brandissant son épée et criant à ses hommes :

« En avant, s. n. d. D !... toutes les balles ne tuent pas ! »

Enfin les voilà au bout de cette horrible crevasse. D'ici au but, ils n'ont plus d'obstacles bien graves; mais le vent souffle, les aveugle de tourbillons neigeux. La marche devient impossible sous peine de s'égarer.

« Arrêtons-nous un moment, » dit Tartarin. Un sérac de glace gigantesque leur creuse un abri à sa base; ils s'y glissent, étendent la couverture doublée de caoutchouc du président, et débouchent la gourde de rhum, seule provision que n'aient pas emportée les guides. Il s'ensuit alors un peu de chaleur et de bien-être tandis que les coups de piolet, toujours plus faibles sur la hauteur, les avertissent du progrès de l'expédition. Cela résonne au cœur du P. C. A. comme un regret de n'avoir pas fait le Mont-Blanc jusqu'aux cimes.

« Qui le saura? riposte Bompard cyniquement. Les porteurs ont conservé la bannière; de Chamonix on croira que c'est vous.

— Vous avez raison, l'honneur de Tarascon est sauf.... » conclut Tartarin d'un ton convaincu.

Mais les éléments s'acharnent, la bise en ouragan, la neige par paquets. Les deux amis se taisent, hantés d'idées sinistres; ils se rappellent l'ossuaire sous la vitrine du vieil aubergiste, ses récits lamentables, la légende de ce touriste américain qu'on a retrouvé pétrifié de froid et de faim, tenant dans sa main crispée un carnet où ses angoisses étaient écrites jusqu'à la dernière convulsion qui fit glisser le crayon et dévier la signature.

« Avez-vous un carnet, Gonzague? »

Et l'autre, qui comprend sans explications :

« Ah! *vaï*, un carnet.... Si vous croyez que je vais me laisser mourir comme cet

Américain.... Vite, allons-nous-en, sortons d'ici.

— Impossible.... Au premier pas nous serions emportés comme une paille, jetés dans quelque abime.

— Mais alors, il faut appeler, l'auberge n'est pas loin.... » Et Bompard à genoux, la tête hors du sérac, dans la pose d'une bête au pâturage et

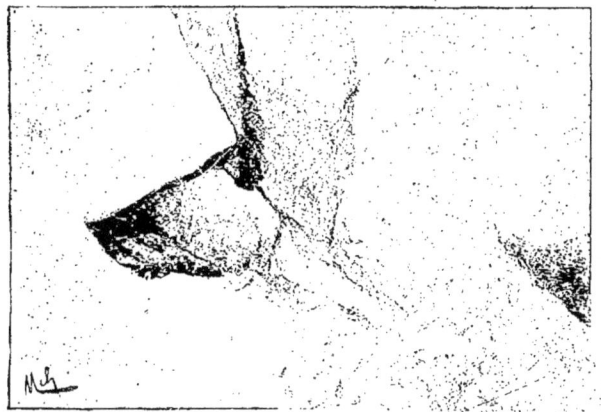

mugissante, hurle : « Au secours ! au secours ! à moi !

— Aux armes !... » crie à son tour Tartarin de son creux le plus sonore que la grotte répercute en tonnerre.

Bompard lui saisit le bras : « Malheureux, le sérac !... » Positivement tout le bloc a tremblé; encore un souffle et cette masse de glaçons accumulés croulerait sur leur tête. Ils restent figés, immobiles, enveloppés d'un effrayant silence bientôt traversé d'un roulement lointain qui se rapproche, grandit, envahit l'horizon, meurt enfin sous la terre de gouffre en gouffre.

« Les pauvres gens!... » murmure Tartarin pensant au Suédois et à ses guides, saisis, emportés sans doute par l'avalanche. Et Bompard hochant la tête : « Nous ne valons guère mieux qu'eux. » En effet, leur situation est sinistre, n'osant bouger dans leur grotte de glace ni se risquer dehors sous les rafales.

Pour achever de leur serrer le cœur, du fond de la vallée monte un aboiement de chien hurlant à la mort. Tout à coup, Tartarin, les yeux gonflés, les lèvres grelottantes, prend les mains de son compagnon et le regardant avec douceur :

« Pardonnez-moi, Gonzague, oui, oui, pardonnez-moi. Je vous ai rudoyé tantôt, je vous ai traité de menteur....

— Ah! *vaï!* Qu'est-ce que ça fait?...

— J'en avais le droit moins que personne, car j'ai beaucoup menti dans ma vie, et, à cette heure suprême, j'éprouve le besoin de m'ouvrir, de me dégonfler, d'avouer publiquement mes impostures.

— Des impostures, vous ?

— Écoutez-moi, ami... d'abord je n'ai jamais tué de lion.

— Ça ne m'étonne pas.... » fait Bompard tranquillement. «Mais est-ce qu'il faut se tourmenter pour si peu?... C'est notre soleil qui veut ça, on naît avec le mensonge.... *Vé!* moi.... Ai-je dit une vérité depuis que je suis au monde?... Dès que j'ouvre la bouche, mon Midi me monte comme une attaque. Les gens dont je parle, je ne les connais pas ; les pays, je n'y suis jamais allé, et tout ça fait un tel tissu d'inventions que je ne m'y débrouille plus moi-même.

— C'est l'imagination, *pechère!* soupire Tartarin : nous sommes des menteurs par imagination.

— Et ces mensonges-là n'ont jamais fait de mal à personne, tandis qu'un méchant, un envieux comme Costecalde....

— Ne parlons jamais de ce misérable! » interrompt le P. C. A., et, pris d'un subit accès de rage : « Coquin de bon sort! c'est tout de même un peu fichant.... » Il s'arrête sur un geste terrifié de Bompard.... « Ah! oui, le sérac... » et baissant le ton, forcé de chuchoter sa colère, le pauvre Tartarin continue ses imprécations à voix basse dans une énorme et comique désarticulation de la bouche : « Un peu fichant de mourir à la fleur de l'âge par la faute d'un scélérat qui, dans ce moment, prend bien tranquillement sa demi-tasse sur le Tour-de-Ville !... »

Mais pendant qu'il fulmine, une éclaircie s'ouvre peu à peu dans l'air. Il ne neige plus, il ne vente plus; et des écarts bleus apparaissent déchirant le gris du ciel. Vite, en route, et, rattachés tous deux à la corde, Tartarin, qui a pris la tête comme tout à l'heure, se retourne, un doigt sur la bouche :

« Et vous savez, Gonzague, tout ce que nous venons de dire reste entre nous.

— Té, pardi.... »

Pleins d'ardeur, ils repartent, enfonçant jusqu'aux genoux dans la neige fraîchement tombée, qui a englouti sous sa ouate immaculée les traces de la caravane; aussi Tartarin consulte sa boussole toutes les cinq minutes. Mais cette boussole tarasconnaise, habituée aux chauds climats, est frappée de congélation depuis son arrivée en Suisse. L'aiguille joue aux quatre coins, agitée, hésitante; et ils marchent devant eux, attendant de voir se dresser tout à coup les roches noires des Grands-Mulets dans la blancheur uniforme, silencieuse, en pics, en aiguilles, en mamelons, qui les entoure, les éblouit, les épouvante aussi, car elle peut recouvrir de dangereuses crevasses sous leurs pieds.

« Du sang-froid, Gonzague, du sang-froid !
— C'est justement de ça que je manque, » répond Bompard lamentablement. Et il gémit : « Aïe de mon pied !... aïe de ma jambe !... nous sommes perdus; jamais nous n'arriverons.... »

Ils marchent depuis deux heures lorsque, vers le milieu d'une pente de neige très dure à grimper, Bompard s'écrie effaré :

« Tartar*éïn*, mais ça monte !
— Eh ! je le vois parbleu bien, que ça monte, riposte le P. C. A. en train de perdre sa sérénité.
— Pas moins, à mon idée, ça devrait descendre.
— *Bé* oui ! mais que voulez-vous que j'y fasse ? Allons toujours jusqu'en haut, peut-être que ça descendra de l'autre côté. »

Cela descendait en effet, et terriblement, par une succession de névés, de glaciers presque à pic, et tout au bout de cet étincellement de blancheurs dangereuses une cabane s'apercevait piquée sur une roche à des profondeurs qui semblaient inaccessibles. C'était un asile à atteindre avant la nuit, puisqu'on avait perdu la direction des Grands-Mulets, mais au prix de quels efforts, de quels dangers peut-être!

« Surtout ne me lâchez pas, *qué*, Gonzague....

— Ni vous non plus, Tartar*ïn*. »

Ils échangent ces recommandations sans se voir, séparés par une arête derrière laquelle Tartarin a disparu, avançant, l'un pour monter, l'autre pour descendre, avec lenteur et terreur. Ils ne se parlent même plus, concentrant toutes leurs forces vives, crainte d'un faux pas, d'une glissade. Tout à coup, comme il n'est plus qu'à un mètre de la crête, Bompard entend un cri terrible de son compagnon, en même temps qu'il sent la corde se tendre d'une violente et désordonnée secousse.... Il veut résister, se cramponner pour retenir son compagnon sur l'abîme. Mais la corde était vieille, sans doute, car elle se rompt brusquement sous l'effort.

« Outre!

— Boufre! »

Ces deux cris se croisent, sinistres, déchirant le silence et la solitude, puis un calme effrayant, un calme de mort que rien ne trouble plus dans la vastitude des neiges immaculées.

Vers le soir, un homme ressemblant vaguement à Bompard, un spectre aux cheveux dressés, boueux, ruisselant, arrivait à l'auberge des Grands-Mulets où on le frictionnait, le réchauffait, le couchait avant qu'il eût prononcé d'autres paroles que celles-ci, entrecoupées de larmes, de poings levés au ciel : « Tartarin... perdu... cassé la corde.... » Enfin on put comprendre le grand malheur qui venait d'arriver.

Pendant que le vieil aubergiste se lamentait et ajoutait un nouveau chapitre aux sinistres de la montagne en attendant que son ossuaire s'enrichît des restes de l'accident, le Suédois et ses guides, revenus de leur expédition, se mettaient à la recherche de l'infortuné Tartarin avec des cordes, des échelles, tout l'attirail d'un sauvetage, hélas! infructueux. Bompard, resté comme ahuri, ne pouvait fournir aucun indice précis ni sur le drame ni sur l'endroit où il avait eu lieu. On trouva seulement au Dôme du Goûter un bout de corde resté dans une anfractuosité de glace. Mais cette corde, chose singulière, était coupée aux deux bouts comme avec un instrument tranchant; les journaux de Chambéry en donnèrent un fac-similé que nous reproduisons ici. Enfin, après huit jours de courses, de consciencieuses recherches, quand on eut la conviction que le pauvre présid*ain* était introuvable, perdu sans retour, les délégués désespérés prirent le chemin de Tarascon, ramenant Bompard dont le cerveau ébranlé gardait la trace d'une terrible secousse.

« Ne me parlez pas de ça, répondait-il quand il était question du sinistre, ne m'en parlez jamais ! »

Décidément le Mont Blanc comptait une victime de plus, et quelle victime !

..... Cette belle route tarasconnaise, toute blanche et craquante de poussière.

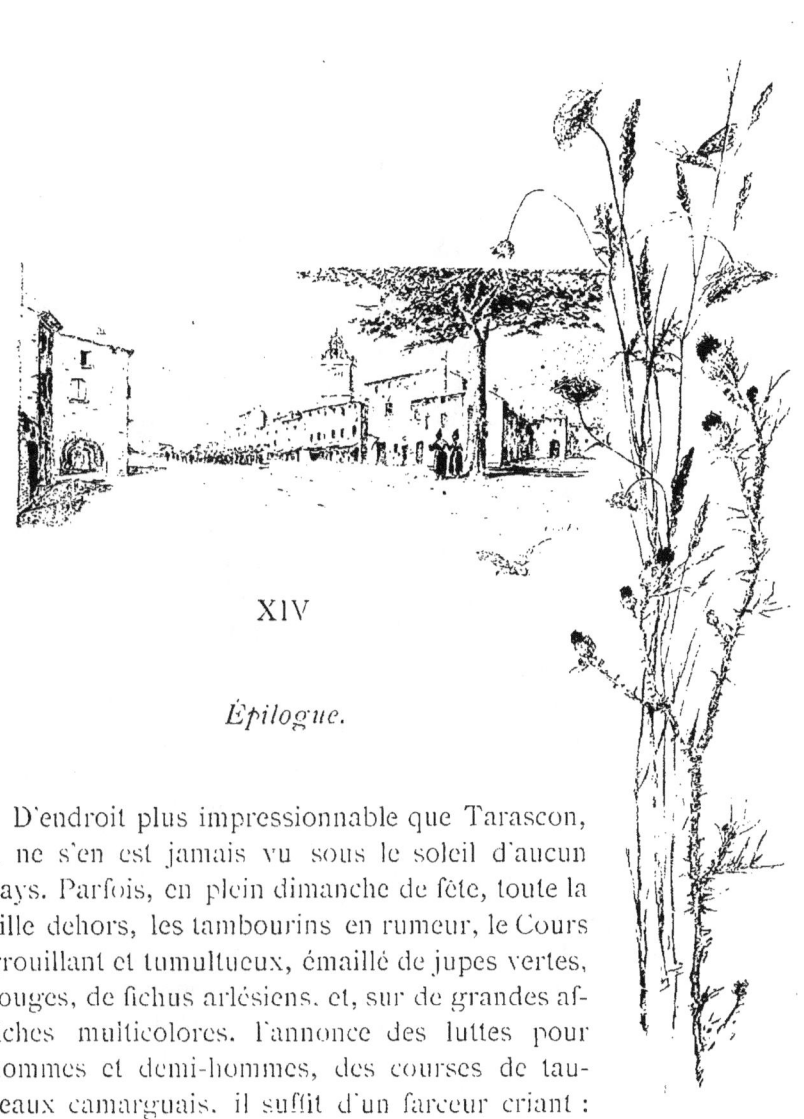

XIV

Épilogue.

D'endroit plus impressionnable que Tarascon, il ne s'en est jamais vu sous le soleil d'aucun pays. Parfois, en plein dimanche de fête, toute la ville dehors, les tambourins en rumeur, le Cours grouillant et tumultueux, émaillé de jupes vertes, rouges, de fichus arlésiens, et, sur de grandes affiches multicolores, l'annonce des luttes pour hommes et demi-hommes, des courses de taureaux camarguais, il suffit d'un farceur criant : « Au chien fou!... » ou bien : « Un bœuf échappé!.. » et l'on court, on se bouscule, on s'effare, les portes se ferment de tous leurs verrous, les persiennes claquent comme par un orage, et voilà Tarascon désert, muet, sans un chat, sans un bruit, les cigales elles-mêmes blotties et attentives.

C'était l'aspect de ce matin-là qui n'était pourtant ni fête ni dimanche ; les boutiques closes, les maisons mortes, places et placettes comme agrandies par le silence et la solitude. « Vasta silentia », dit Tacite décrivant Rome aux funérailles de Germanicus, et la citation de sa Rome en deuil s'appliquait d'autant mieux à Tarascon qu'un service funèbre pour l'âme de Tartarin se disait en ce moment à la métropole où la population en masse pleurait son héros, son dieu, son invincible à doubles muscles resté dans les glaciers du Mont-Blanc.

Or, pendant que le glas égrenait ses lourdes notes sur les rues désertes, Mlle Tournatoire, la sœur du médecin, que son mauvais état de santé retenait toujours à la maison, morfondue dans son grand fauteuil contre la vitre, regardait dehors en écoutant les cloches. La maison des Tournatoire se trouve sur le chemin d'Avignon, presque en face celle de Tartarin, et la vue de ce logis illustre dont le locataire ne devait plus revenir, la grille pour toujours fermée du jardin, tout, jusqu'aux boîtes à cirage des petits savoyards alignées près de la porte, gonflait le cœur de la pauvre demoiselle infirme qu'une passion secrète dévorait depuis plus de trente ans pour le héros tarasconnais. O mystères d'un cœur de vieille fille! C'était sa joie de le guetter passer à des heures régulières, de se dire : « Où va-t-il?... » de surveiller les modifications de sa toilette, qu'il s'habillât en alpiniste ou revêtit sa jaquette vert-serpent. Maintenant, elle ne le verrait plus; et cette consolation même lui manquait d'aller prier pour lui avec toutes les dames de la ville.

Soudain la longue tête de cheval blanc de Mlle Tournatoire se colora légèrement; ses yeux déteints, bordés de rose, se dilatèrent d'une manière considérable pendant que sa maigre main aux rides saillantes esquissait un grand signe de croix.... Lui, c'était lui, longeant les murs de l'autre côté de la chaussée.... D'abord elle crut à une apparition hallucinante.... Non, Tartarin lui-même, en chair et en os, seulement pâli, piteux, loqueteux, longeant les murs comme un pauvre ou comme un voleur. Mais pour expliquer sa présence furtive à Tarascon, il nous faut retourner sur le Mont-Blanc, au Dôme du Goûter, à cet instant précis où les deux amis se trouvant chacun sur un côté du Dôme, Bompard sentit le lien qui les attachait, brusquement se tendre, comme par la chute d'un corps.

En réalité, la corde s'était prise entre deux glaçons, et Tartarin, éprouvant la même secousse, crut, lui aussi, que son compagnon roulait, l'entraînait. Alors, à cette minute suprême... comment dire cela, mon Dieu ?... dans l'angoisse de la peur, tous deux, oubliant le serment solennel à l'hôtel Baltet, d'un même mouvement, d'un même geste instinctif, coupèrent la corde, Bompard avec son couteau, Tartarin d'un coup de piolet ; puis, épouvantés de leur crime, convaincus l'un et l'autre qu'ils venaient de sacrifier leur ami, ils s'enfuirent dans des directions opposées.

Quand le spectre de Bompard apparut aux Grands-Mulets, celui de Tartarin arrivait à la cantine de l'Avesailles. Comment, par quel miracle, après combien de chutes, de glissades ? Le

Mont-Blanc seul aurait pu le dire, car le pauvre P. C. A. resta deux jours dans un complet abrutissement, incapable de proférer le moindre son. Dès qu'il fut en état, on le descendit à Courmayeur, qui est le Chamonix italien. A l'hôtel où il s'installa pour achever de se remettre, il n'était bruit que d'une épouvantable catastrophe arrivée au Mont-Blanc, tout à fait le pendant de l'accident du Cervin : encore un alpiniste englouti par la rupture de la corde.

Dans sa conviction qu'il s'agissait de Bompard, Tartarin, rongé de remords, n'osait plus rejoindre la délégation ni retourner au pays. D'avance il voyait sur toutes les lèvres, dans tous les yeux : « Caïn, qu'as-tu fait de ton frère?... » Pourtant, le manque d'argent, la fin de son linge, les frimas de septembre qui arrivaient et vidaient les hôtelleries, l'obligèrent à se mettre en route. Après tout, personne ne l'avait vu commettre son crime? Rien ne l'empêcherait d'inventer n'importe quelle histoire; et, les distractions du voyage aidant, il commençait à se remettre. Mais aux approches de Tarascon, quand il vit s'iriser sous le ciel bleu la fine découpure des Alpines, tout le ressaisit, honte, remords, crainte de la justice; et, pour éviter l'éclat d'une arrivée en pleine gare, il descendit à la dernière station avant la ville.

Ah! sur cette belle route tarasconnaise, toute blanche et craquante de poussière, sans autre ombrage que les poteaux et les fils télégraphiques, sur cette voie triomphale où, tant de fois, il avait passé à la tête de ses alpinistes ou de ses chasseurs de casquettes, qui l'aurait reconnu, lui, le vaillant, le pimpant, sous ses hardes déchirées et malpropres, avec cet œil méfiant du routier guettant les gendarmes? L'air brûlait malgré qu'on fût au déclin de la saison; et la pastèque qu'il achetait à un maraîcher lui parut délicieuse à manger dans l'ombre courte du charreton pendant que le paysan exhalait sa fureur contre les ménagères de Tarascon, toutes absentes du marché, ce matin-là, « rapport à une messe noire qu'on chantait pour quelqu'un de la ville perdu au fond d'un trou, là-bas, dans des montagnes.... Té! les cloches qui sonnent.... Elles s'entendent d'ici.... »

Plus de doute; c'est pour Bompard que tombait ce lugubre carillon de mort secoué par un vent tiède sur la campagne solitaire!

Quel accompagnement à la rentrée du grand homme dans sa patrie!

Une minute, quand, la porte du petit jardin brusquement ouverte et refermée, Tartarin se retrouva chez lui, qu'il vit les étroites allées bordées de buis ratissées et proprettes, le bassin, le jet d'eau, les poissons rouges s'agitant au craquement du sable sous ses pas, et le baobab géant dans son pot à réséda, un bien-être attendri, la chaleur de son gîte de lapin de choux l'enveloppa comme une sécurité après tant de dangers et d'aventures. Mais les cloches, les maudites cloches redoublèrent, la tombée des grosses notes noires lui écrasa de nouveau le cœur. Elles lui disaient sur le mode funèbre : « Caïn, qu'as-tu fait de ton frère?... Tartarin, qu'est devenu Bompard? » Alors, sans le courage d'un mouvement, il s'assit sur la margelle brûlante du petit bassin et resta là, anéanti, effondré, au grand émoi des poissons rouges.

Les cloches ne sonnent plus. Le porche de la métropole, bruyant tout à l'heure, est rendu au marmottement de la pauvresse assise à gauche et à l'immobilité de ses saints de pierre. La cérémonie religieuse terminée, tout Tarascon s'est porté au Club des Alpines où, dans une séance solennelle, Bompard doit faire le récit de la catastrophe, détailler les derniers moments du P. C. A. En dehors des membres, quelques privilégiés,

armée, clergé, noblesse, haut commerce, ont pris place dans la salle des conférences dont les fenêtres, larges ouvertes, permettent à la fanfare de la ville, installée en bas, sur le perron, de mêler quelques accords héroïques ou plaintifs aux discours de ces messieurs. Une foule énorme se presse autour des musiciens, se hisse sur ses pointes, les cous tendus, essayant d'attraper quelques bribes de la séance; mais les fenêtres sont trop élevées et l'on n'aurait aucune idée de ce qui se passe, sans deux ou trois petits drôles branchés dans un gros platane, et jetant de là des renseignements comme on jette des noyaux de cerises du haut de l'arbre.

« Vé Costecalde, qui se force pour pleurer. Ah! le gueusard, c'est lui qui tient le fauteuil à présent... Et le pauvre Bézuquet, comme il se mouche! comme il a les yeux rouges!... Té! l'on a mis un crêpe à la bannière.... Et Bompard qui vient vers la table avec les trois délégués.... Il met quelque chose sur le bureau.... Il parle à présent.... Ça doit être bien beau! les voilà qui tombent tous des larmes.... »

En effet, l'attendrissement devenait général à mesure que Bompard avançait dans son récit fantastique. Ah! la mémoire lui était revenue, l'imagination aussi. Après s'être montrés, lui et son illustre compagnon, à la cime du Mont-Blanc, sans guides, car tous s'étaient refusés à les suivre, effrayés par le mauvais temps, — seuls avec la bannière déployée pendant cinq minutes sur le plus haut pic de l'Europe, il racontait maintenant, et avec quelle émotion, la descente périlleuse et la chute. Tartarin roulant au fond d'une crevasse, et lui, Bompard, s'attachant pour explorer le gouffre dans toute sa longueur, d'une corde de deux cents pieds.

« Plus de vingt fois, messieurs, que dis-je? plus de nonante fois, j'ai sondé cet abime de glace sans pouvoir arriver jusqu'à notre malheureux présid*ain* dont cependant je constatais le passage par ces quelques débris laissés aux anfractuosités de la glace.... »

En parlant, il étalait sur le tapis de la table un fragment de maxillaire, quelques poils de barbe, un morceau de gilet, une boucle de bretelle; on eût dit l'ossuaire des Grands-Mulets.

Devant cette exhibition, les douloureux transports de l'assistance ne se maîtrisaient plus; même les cœurs les plus durs, les partisans de Costecalde et les personnages les plus graves, Cambalalette le notaire, le docteur Tournatoire, tombaient effectivement des larmes grosses comme des bouchons de carafe. Les dames invitées poussaient des cris déchirants que dominaient les beuglements sanglotés d'Excourbaniès, les bêlements de Pascalon, pendant que la marche funèbre de la fanfare accompagnait d'une basse lente et lugubre.

Alors, quand il vit l'émotion, l'énervement à son comble, Bompard termina son récit avec un grand geste de pitié vers les débris en bocaux comme des pièces à conviction : « Et voilà, messieurs et chers concitoyens, tout ce que j'ai pu retrouver de notre illustre et bien-aimé président...Le reste, dans quarante ans, le glacier nous le rendra. »

Il allait expliquer, pour les personnes ignorantes, la récente découverte faite sur la marche régulière des glaciers : mais le grincement de la petite porte du fond l'interrompit, quelqu'un entrait : Tartarin, plus pâle qu'une apparition de Home, juste en face de l'orateur.

« *Vé!* Tartarin !...

— *Té!* Gonzague !...»

Et cette race est si singulière, si facile aux histoires invraisemblables, aux mensonges audacieux et vite réfutés, que l'arrivée du grand homme dont les fragments gisaient encore sur le bureau, ne causa dans la salle qu'un médiocre étonnement.

« C'est un malentendu, *allons,* » dit Tartarin

soulagé, rayonnant, la main sur l'épaule de l'homme qu'il croyait avoir tué. « J'ai fait le Mont-Blanc des deux côtés. Monté d'un versant, descendu de l'autre ; et c'est ce qui a permis de croire à ma disparition. »

Il n'avouait pas qu'il avait fait le second versant sur le dos.

« Sacré Bompard ! dit Bézuquet, il nous a tout de même retournés avec son histoire.... » Et l'on riait, on se serrait les mains pendant qu'au dehors la fanfare, qu'on essayait en vain de faire taire, s'acharnait à la marche funèbre de Tartarin.

« Vé Costecalde, comme il est jaune !... » murmurait Pascalon à Bravida en lui montrant l'armurier qui se levait pour céder le fauteuil à l'ancien président dont la bonne face rayonnait. Bravida, toujours sentencieux, dit tout bas en regardant Costecalde déchu, rendu à son rang subalterne : « La fortune de l'abbé Mandaire, de curé il devint vicaire. »

Et la séance continua.

Table des Matières

I

Apparition au Rigi-Kulm. — Qui ? — Ce qu'on dit autour d'une table de six cents couverts. — Riz et pruneaux. — Un bal improvisé. — L'Inconnu signe son nom sur le registre de l'hôtel. — P. C. A.   5

II

Tarascon, cinq minutes d'arrêt. — Le Club des Alpines. — Explication du P. C. A. — Lapins de garenne et lapins de choux. — Ceci est mon testament. — Le sirop de cadavre. — Première ascension. — Tartarin tire ses lunettes. . .   31

TABLE DES MATIÈRES

III

Pages

Une alerte sur le Rigi.— Du sang-froid! du sang-froid! — Le cor des Alpes. — Ce que Tartarin touve à sa glace en se réveillant. — Perplexité. — On demande un guide par le téléphone. 65

IV

Sur le bateau. — Il pleut. — Le héros tarasconnais salue des mânes. — La vérité sur Guillaume Tell.— Désillusion. — Tartarin de Tarascon n'a jamais existé. — « Té! Bompard. » 87

V

Confidences sous un tunnel. 113

VI

Le col du Brünig. — Tartarin tombe aux mains des nihilistes. — Disparition d'un ténor italien et d'une corde fabriquée en Avignon. — Nouveaux exploits du chasseur de casquettes. — Pan! pan!. 127

VII

Les nuits de Tarascon. — Où est-il? — Anxiété. — Les cigales du Cours redemandent Tartarin. — Martyre d'un grand saint tarasconnais. — Le Club des Alpines. — Ce qui se passsait à la pharmacie de la placette. — A moi, Bézuquet!. 157

TABLE DES MATIÈRES

VIII

Dialogue mémorable entre la Jungfrau et Tartarin. — Un salon nihiliste. — Le duel au couteau de chasse. — Affreux cauchemar. — « C'est moi que vous cherchez, messieurs ? » — Étrange accueil fait par l'hôtelier Meyer à la délégation tarasconnaise. 179

IX

Au Chamois fidèle. 205

X

L'ascension de la Jungfrau. — Vé, les bœufs ! — Les crampons Kennedy ne marchent pas, la lampe à chalumeau non plus. — Apparition d'hommes masqués au chalet du Club Alpin. — Le président dans la crevasse. — Il y laisse ses lunettes. — Sur les cimes ! — Tartarin devenu dieu. 223

XI

En route pour Tarascon ! — Le lac de Genève. — Tartarin propose une visite au cachot de Bonnivard. — Court dialogue au milieu des roses. — Toute la bande sous les verrous.— L'infortuné Bonnivard.— Où se retrouve une certaine corde fabriquée en Avignon. 249

XII

L'hôtel Baltet à Chamonix. — Ça sent l'ail ! — De l'emploi de la corde dans les courses alpestres. — Shake hand ! — Un élève de Schopenhauer. — A la halte des Grands-Mulets. — « Tartare*in* il faut que je vous parle.... . . . 275

TABLE DES MATIERES

XIII

La catastrophe.................... 301

XIV

Épilogue. 323

ACHEVÉ D'IMPRIMER

Le trente novembre mil huit cent quatre-vingt-cinq

par

A. LAHURE

Avec les encres et couleurs de Ch. LORILLEUX

sur les papiers des fabriques

du MARAIS

PARIS. — IMPRIMERIE GÉNÉRALE A. LAHURE

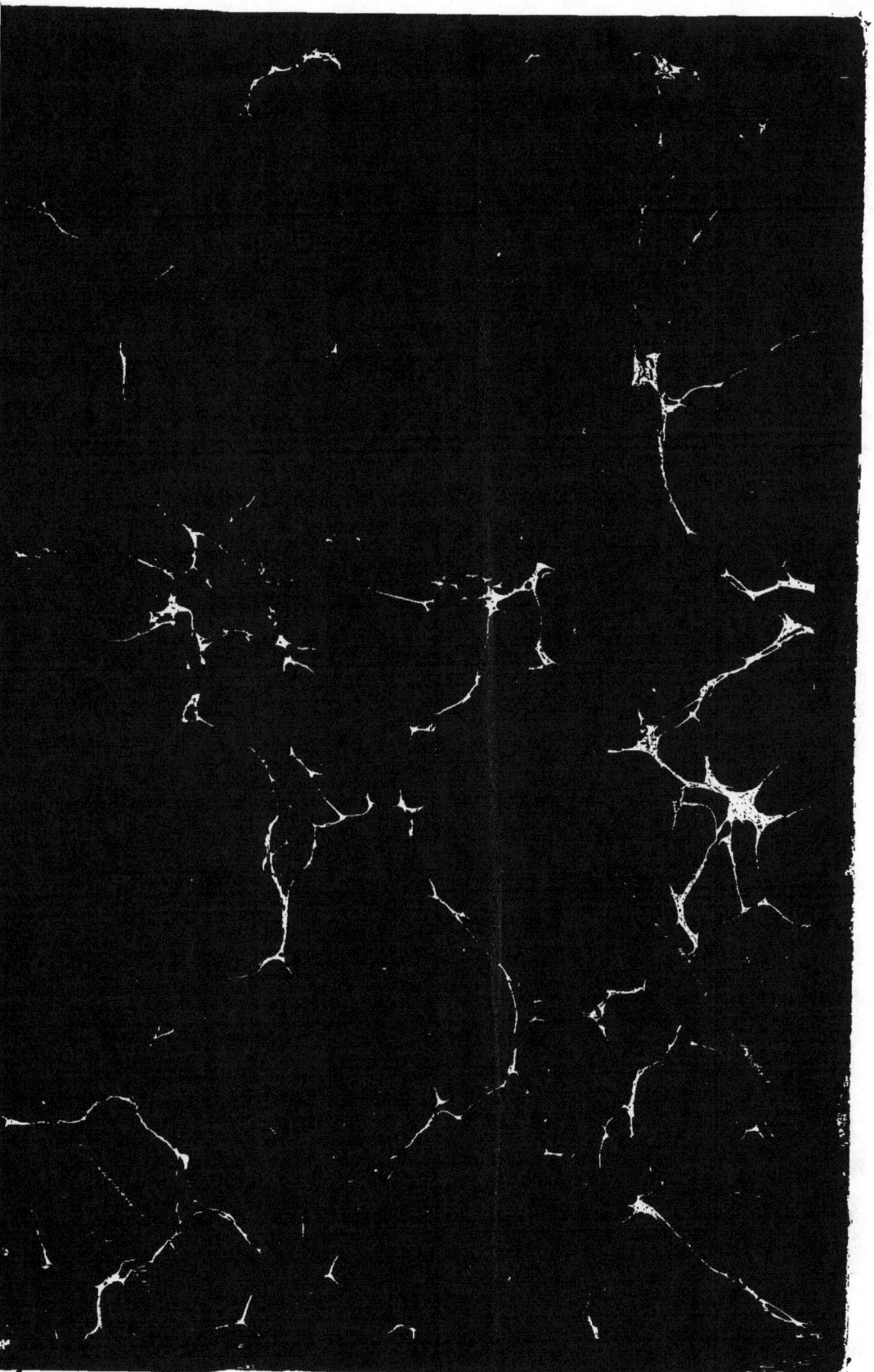

www.ingramcontent.com/pod-product-compliance
Lightning Source LLC
Chambersburg PA
CBHW050313170426
43202CB00011B/1875